韩国语能力考试 语法(初级/中级)

李吉莲·王　妍

博而精

■ 글쓴이 (著者) ■

이길연(李吉莲)

현재 마산 창신대학 한국학과 학과장
现任) 马山 昌信大学 韩国语系 系主任

왕 연 (王 妍)

현재 마산 창신대학 한국학과 전임강사
现任) 马山 昌信大学 韩国语系 专职讲师

한국어능력시험
韩国语能力考试

문법 초급/중급

語法(初级/中级)

이길연 _ 왕 연

도서출판 **박이정**

머리말 (序言)

　한국어 교육이 시작된 이래 교육 현장에서는 문법교육이 중요하게 다루어지고 있으며, 한국어 능력시험에서도 평가의 한 영역으로 출제되고 있다. 또한 한국어 교육 현장에서는 학습자들이 한국어의 특징을 빨리 이해하고 활용 능력을 길러 주기 위한 것, 오류를 자주 범하거나 의문의 핵심이 되는 것 등을 주로 다루고 있다. 이러한 목적에 맞는, 학습자들이 쉽게 이해하고 실제상황에서 과제를 효율적으로 완성할 수 있는 교재나 자습서가 필요하다.

　저자는 한국어 학습자들이 한국어능력시험에 대한 부담감을 덜어주고 보다 효율적이고 효과적으로 시험에 대처할 수 있도록 문법교재를 출간하게 되었다. 책의 구성을 보면 우선 초급과 중급으로 나뉘고, 문법범주를 등급별로 분류를 하고, 한국어능력시험에 출제빈도수가 높은 문법항목에 대한 설명과 예시를 보여준다. 기존 출제유형과 비슷한 문제를 제시하고 해당 문제에 대한 문제풀이의 기교와 설명을 첨부하였다. 학습자가 실력다지기 문제를 통하여 스스로 정답을 찾을 수 있도록 활용편도 추가하였다.

　본 한국어능력시험 문법교재는 중국어 역문을 실어 학습자의 이해를 돕고 있다. 또한 교사가 수업에 활용할 시에는 급당 20시간씩 배정하여 총 40시간에 모두 배울 수 있을 것이다.

　마지막으로 한국어능력시험 교재를 만들고자 제안해 틀을 잡도록 도와주신 김충실 교수님, 물심양면으로 많은 도움을 주신 창신대학 강병도 학장님, 이 책이 나오기까지 한국어 교육에 애정을 갖고 출판을 도와주신 박이정 출판사 박찬익 사장님과 관계자분들께 감사의 말씀 전한다. 끝으로 매사에 자신감을 갖게 해주고 이해해 주는 가족에게 진심으로 감사의 마음 표한다.

译文

　　自对外韩国语教学实施以来，在教学第一线，语法教学一直被视为重要部分进行分析和探讨，而且作为考核学习技能的一个领域出现在韩国语能力考试中。对外韩国语教学的重点任务在于如何使学习者能够迅速理解并正确运用语法项目；找出学习者在学习过程中的常见错误及错误的核心所在。因此我们需要与此相关的且便于学习者理解的教材或参考书。

　　为减轻韩国语能力考试的负担，使学习者更为有效地应对考试，笔者特编写了此语法教材。此书分为初级和中级两个部分，在每个级别中先是对语法范畴分类，其次列举了韩国语能力考试中出现的类似题型，并对此加以分析和说明，最后学习者可以通过给出的练习题加深对相应语法项目的理解。

　　为方便广大中国学生的理解，此教材添加了中文说明。教材中分初级和中级两个部分，建议各位教学工作者在使用本教材时共安排40学时，每个级别安排20课时来完成此教材的教学任务。

　　最后，衷心感谢为韩国语能力考试系列教材提供了整体设计方案的金忠实教授，感谢一如既往地给予笔者巨大帮助的昌信大学姜秉道校长以及博而精出版社的朴赞益社长以及各界有关人士。另外，还要特别感谢在本书编写过程中一直给予笔者支持和理解的各位家庭成员。

차   례(目录)

초급문법

§ 한국어능력시험 문법 (초급) §

문법 분야

　현재까지의 한국어능력시험 구성을 보면 어휘와 문법을 한 영역으로 출제하여 진행해 왔다. 필자는 제1회부터 제10회까지의 초급(1급，2급)어휘문법영역을 어휘와 문법항목으로 재분류하여 통계해 본 결과 어휘와 문법이 차지하는 비율이 대체적으로 평균화되어가는 추세였다. 이는 최근 언어교수법의 경향이 의사소통 교수법 중심으로 이어지면서 평가에서도 의사소통 기술을 측정하여야 한다는 점을 지각하게 된 결과라고 볼 수 있다. 따라서 본 한국어능력시험 시리즈 교재에서는 어휘와 문법영역을 각각 분류하여 편찬하게 되었다. 본 교재에서는 현재까지 진행해 온 10회한국어능력시험 유사출제유형을 분석하고 이에 해당하는 연습문제를 첨부하여 아래와 같이 분류하여 편집된다.

　조사의 사용에 관련된 문제이다. 10회에 걸친 기출문제를 보면 나타난 조사의 빈도수가 격조사, 보조사, 접속조사 등의 순서로 낮아지는데 이러한 조사들의 용법과 문제풀이에서의 방법을 제시한다. 두 번째는 문장종결형과 높임법인데 격식체와 비격식체, 서술형, 의문형, 명령형, 청유형, 감탄형, 존대말과 반말을 설명하고, 이 외에 한국어능력시험에 자주 나타나는 기타 종결어미를 분석하고, 마지막으로 주체높임법의 선어말어미 '-(으)시'의 용법을 설명한다. 세 번째는 시제로서 과거형, 현재형, 미래형 세 가지로 분류하였다. 네 번째는 부정형인데 서술문과 의문문의 부정형, 명령문과 청유문의 부정형으로 나누었다. 다섯 번째는 용언의 불규칙활용으로 총 6가지로 분류하여 설명하였고, 여섯 번째는 어미의 활용인데 한국어능력시험에 자주 나타나는 순서로 연결어미, 부사형어미, 관형형어미로 분류하였고, 일곱 번째는 관용문형인데 여기에는 의존명사와 보조용언 등이 포함된다. 마지막으로 화법에 관련된 문항은 한국어능력시험 초급단계에서 많이 나타나지 않는 점을 감안하여 본 교재의 마지막 내용으로 순서를 정했다. 그리고 매 장마다 실력 다지기 문제를 넣어 각 문법사항의 용법을 한번 더 다져보았다.

　10회에 걸친 기출문제의 문법영역 문항형식을 보면 대체적으로 다음과 같다. 문장완성형식, 단순대화형식, 단락완성형식, 대화단락완성형식으로 나타나는데 이 4가지 형식에 따른 구체적인 형식으로 알맞은 표현 고르기, 틀린 것 고르기, 바꿀 수 있는 것 고르기, 틀린 곳 고치기, 질문에 답하기 등이 있다. 제10회부터 한국어능력시험의 어휘문법영역 출제형식이 전부 객관식 문제로 바뀌는 점을 감안하여 틀린 곳 고치기와 질문에 답하기 중 주관식 문제는 본 교재에서 많이 다루지는 않겠다.

韩国语能力考试 语法(初级)

语法部分

　　词汇与语法作为一个考核领域意志出现在历届韩国语能力考试中。笔者统计了第一届到第十届中词汇与语法部分中出现的词汇与语法项目的比例，统计结果发现二者比例大致趋于平均。这表明近来语言教学法倾向于交际功能法，随之考核考生的交际能力形成了考试的主流。本教材参考了到第十届的韩国语能力考试题型，对考题进行了具体分类说明并加以练习。

　　首先是助词的使用。分析了第一到第十届的助词出题形式，统计结果表明出题率较高的助词依次为格助词、补助词、接续助词等。第二部分是句子终结形与阶称，在此分类说明了格式体和非格式体、陈述形、疑问形、命令形、共动形、敬体和常体。除此之外还分析了考试中常出现的其他终结词尾和尊敬阶词尾'-(으)시'的用法。第三部分为时制（时态），分为过去时、现在时、将来时。第四部分为否定形式，主要分析了陈述句与疑问句的否定形式、命令句与共动句的否定形式。第五部分是用言（动词及形容词）的不规则活用，分为六种不规则形式具体说明。第六部分为词尾的活用，按考试中常出现的顺序依次说明，主要有连接词尾、冠型词尾、副词型词尾。第七部分是惯用句型，在此说明了依存名词和辅助用言等的活用。因为引语部分在历届考试中出现频率较少，所以放在本教材的最后说明。本教材的每一部分都添加了综合练习以便于考生巩固语法内容及语法项目的使用。

　　分析历届语法部分考试题型，主要有以下几个出题形式：完成句子形式、完成简短对话形式、完成段落形式、完成段落对话形式。出题方法可以分为选择合适的一项、选择错误的一项、选择可替换的一项、改错、回答问题等形式。但自第十届韩国语能力考试题中词汇与语法部分的出题形式全部改为客观题，故在本教材中的语法主观题型说明相对较少一些。

조사의 사용
(助词的使用)

　　한국어 초급단계에서는 기초 어휘와 기본 문법에 대한 이해를 바탕으로 간단한 문장을 생성할 수 있고, 공공시설 이용에 필요한 기본적 기능을 수행할 수 있으며, 더 나아가 공식적 상황과 비공식적 상황에서 언어를 구분해 사용할 수 있는 것을 목표로 한다.

　　한국어의 조사는 주로 체언에 붙어서 격을 결정하는데, 기능에 따라 격조사, 보조사, 접속조사로 나뉠 수 있다. 10회에 걸친 한국어능력시험에서 나타난 조사들을 살펴보면, 사용빈도가 제일 높게 나타나는 조사로 격조사이고, 격조사 중에서도 부사격조사, 주격조사, 목적격조사의 순서이다. 그 다음은 보조사, 접속조사의 순으로, 이러한 조사들은 초급단계의 수험자가 학습해야 하는 조사로서 학습자가 한국어 기본문형을 익히는데 중요한 역할을 하는 것을 알 수 있다. 다음은 한국어능력시험에 나타났던 조사를 분류하여 분석해보도록 한다.

译文

　　初级阶段韩国语教学是在理解并掌握基础词汇与基本语法知识的基础上，使学习者能够生成简单句型，能够在公共场合进行基本的交际活动，并且能够在正式及非正式场合正确使用语言为初级阶段的教学目标。

　　韩国语的助词主要接在体言(名词、代词、数词)后决定该成分在句子中的地位。助词按功能可分为格助词，补助词，接续助词。统计前10届的韩国语能力考试结果表明，出现频率最高的助词为格助词，其中包括副词格助词、主格助词、目的格助词、其次为补助词和接续助词。此类助词在生成基本文章时是必备的成分，在初级阶段为必须掌握的语法内容。

1. 격조사(格助词)

부사격조사 '-에'의 용법 (副词格助词'-에'的用法)

　필자가 조사한 결과, 격조사 중 부사격 조사가 한국어능력시험에 가장 많이 나타났다. 그 순서는 '-에', '-에게/한테/께', '-로/으로', '-에서/에게서/한테서'이다. 조사에 관련된 출제형식은 일반적으로 문장완성형식과 단순대화완성형식으로 나타나는데 우선 조사 '-에'의 용법을 살펴보고 출제형식을 분석해 본다.

　根据笔者调查，在历届韩国语能力考试中出题率最高的助词为副词格助词，依次为'-에'，'-에게/한테/께'，'-로/으로'，'-에서/에게서/한테서'。有关助词使用的题型主要有完成句子、完成简短对话等形式。下面先整理助词'-에'的用法，然后再分析题型。

　첫째, 동작의 이동을 뜻하는 동사와 어울릴 때, 이동의 도착점을 나타난다.
　第一，与移动性动词连用时表示移动的目的地。

　　　예문 학교에 가다.
　　　　　한국에 도착하다.

　둘째, 이동의 뜻이 없는 동사나 형용사가 서술어이고, 장소를 나타내는 명사에 붙어 쓰이면 존재나 공간적 위치의 범위를 표시한다.
　第二，与其他动词或形容词连用，并且接在表示场所的名词后表示存在或空间范围。

　　　예문 나는 집에 있다.
　　　　　시장에 사람이 많다.
　　　　　친구는 대학교에 입학했다.

셋째, 시간을 나타내는 명사에 붙어, 시간적인 범위를 나타낸다.
第三，接在时间名词后表示时间。

　　[예문] 몇 시에 가요?
　　　　　6시에 만나요.

넷째, 수를 나타내는 명사(단위성 의존명사) 뒤에 쓰여, 가치 판단 기준의 단위를
나타낸다.
第四，接在数量词后表示基准单位。

　　[예문] 한 개에 천원이에요.
　　　　　일주일에 한 번 읽어요.

이 외에도 몇 가지 용법이 더 있는데 위에서 제시한 용법은 초급단계에서 반드시
알아야 할 내용으로 본다.
除此之外还有其他用法，以上四种用法为初级阶段必须掌握的内容。

[1] (　　)에 가장 알맞은 것을 고르시오.

> 도서관(　　) 책이 많아요.

① 에　　　　② 으로　　　　③ 을　　　　④ 에서

[2] (　　)에 맞는 것을 고르시오.

> 가: 영화를 자주 봐요?
> 나: 한 달(　　) 한 번 보는 편이에요.

① 씩　　　　② 로　　　　③ 에　　　　④ 짜리

설명　'-에'와 '-에서'는 비록 모두 장소를 나타내는 명사에 붙을 수 있지만 서술어가 이동성 동사면 '-에' 는 도착점을 뜻하고 일반동사나 형용사인 경우 존재나 공간적 범위를 나타낸다. 조사 '-에서'는 서술어의 동작이 일어난 장소를 나타내고, 동사와 어울린다.

문제[1], [2]에서 제시한 것처럼 한국어능력시험에서는 '-에'는 주로 두 가지 용법이 많이 나타났는데 즉 공간적 위치를 나타낼 때와 기준단위를 나타낼 때이다. 기타 용법도 초급단계에서 익혀야 할 문법범주이기 때문에 다음 한국어능력시험에서 출제할 가능성도 있을 것이다. 정답은 각각 ①, ③이다.

说明　'-에'和'-에서'均可接在表示场所的名词后，但如果谓语为移动性动词'-에'则表示动作的到达点，而谓语为一般动词或形容词时表示存在或空间范围，'-에서'则表示谓语动作进行的场所。

如题[1]和题[2]所示，在韩国语能力考试中'-에'主要以考核表示空间和基准单位的用法，除此之外的其他用法同样是初级阶段必须掌握的语法项目，所以有可能在下届考试中出现。正确答案分别为 ①和 ③。

부사격조사 '-에게/한테/께'의 용법 (副词格助词 '-에게/한테/께'的用法)

　조사 '-에게/한테/께'는 사람이나 동물을 나타내는 명사 뒤에 붙어 동사와 함께 쓰이며, 중국어의 '给、跟'의 뜻과 같다. 높임말로 '-께'가 있고, 구어에서는 흔히 '-한테'로 쓰이는데 다음 예문형식으로 많이 출제된다.

　助词　'-에게/한테/께'接在表示人物或动物的名词之后，表示给予，相当于汉语的 '给，跟'。其敬语形式为'-께'，口语形式为'-한테'，主要出题形式如下。

　[예문] 서인이가 꽃에 물을 줍니다.
　　　　누구에게 편지를 씁니까?
　　　　부모님께 여쭈어 보세요.
　　　　친구한테 선물을 사 주었어요.

[1] (   )에 알맞은 것을 고르시오.

선생님(   ) 말씀 드릴 거예요.

① 에   ② 께   ③ 께서   ④에서

[2] (   )에 알맞은 것을 고르시오.

가: 일나 씨, 지금 뭘 해요?
나: 친구(   ) 편지를 써요.

① 도   ② 가   ③ 를   ④ 한테

[3] (   )에 알맞은 것을 고르시오.

나무(   ) 물을 줍니다.

① 에   ② 에게   ③ 께   ④ 한테

설명 문제[1]에서 학습자들이 혼동하기 쉬운 조사가 '-께'와 '-께서'인데 '-께서'가 주격조사 즉 행동의 주체라는 것을 인식한다면 정답을 맞출 수 있을 것이다. 정답은 ②이다

문제[2]는 대화완성형식으로 대화상황만 정확히 판단할 수 있다면 크게 어려운 부분은 없을 것이다. 따라서 답은 ④이다.

비록 한국어능력시험에서는 출제된 바 없지만 문제[3]은 조사 '-에'와 '-에게'를 구별하는 예로서 초급단계에서 알아야 할 기본적인 용법으로 볼 수 있다. 조사 '-에'와 '-에게/한테/께'는 모두 여격조사로서 사람이나 동물(활동체)에는 '-에게/한테'가 쓰이고, 그 이외(비활동체)에는 '-에'가 쓰인다. 정답은 ①이다.

说明 题[1]中容易混淆的选项为'-께'和'-께서',在此只要认识到助词'-께서'表示行为主体即主语的话，便很容易找到正确答案②。

题[2]的类型为完成对话形式，只要正确判断对话情景则无大碍，答案为④。

题[3]给出的有关'-에'和'-에게'的题型未在考试中出现，但在初级阶段是必须掌握的语法内容。'-에'和'-에게/한테/께'均为与格助词，'-에게/한테/께'用在人或动物名词后，而'-에'用在其他名词后，故答案为①。

부사격조사 '-로/으로' 의 용법 (副词格助词'-로/으로'的用法)

첫째, 움직임을 나타내는 동사와 함께 쓰여, 동작의 방향을 나타내고 중국어의 '往、向'의 뜻과 같다.

第一，与移动性动词连用表示动作的方向，相当于汉语的'往, 向'。

예문 사무실로 가세요?

왼쪽으로 돌아가요.

둘째, 어떤 행위에 대한 수단이나 방법 등을 나타내고 중국어의 '用'으로 해석할 수 있다.

第二，表示行为手段或方法，相当于汉语的'用'。

예문 한국에 비행기로 왔어요.

중국어로 말씀하세요.

셋째, 사람을 뜻하는 명사에 붙어 자격이나 신분 또는 지위를 나타내고 중국어로 '作为'의 뜻이다.

第三，接在人物名词后，表示资格或身份、地位，相当于汉语的'作为'。

예문 저는 졸업생 대표로 회의에 참석했습니다.

그 분은 과장으로 승진했어요.

넷째, 어떤 일이 일어나게 된 원인이나 이유를 나타내고, 중국어의'因为、由于'에 해당된다.

第四，表示原因或理由，相当于汉语的'因为、由于'。

예문 무슨 일로 오셨어요?

감기로 학교에 못 왔어요.

[1] (　　)에 알맞은 것을 고르시오.

> 가: 우체국이 어디예요?
> 나: 오른쪽(　　) 가면 있을 거예요.

① 은　　　　② 을　　　　③ 까지　　　　④ 으로

[2] (　　)에 알맞은 것을 고르시오.

> 이 주스는 토마토(　　) 만들었어요.

① 로　　　　② 의　　　　③ 도　　　　④ 를

설명 지금까지 조사 '-로/으로'는 문제[1]처럼 방향을 나타내는 용법과 방법 및 수단을 나타내는 용법으로만 출제되어 왔는데 이러한 문제를 풀 때는 조사 '-로/으로'의 용법과 그 문장의 상황을 잘 파악하면 다른 조사와 혼동하지 않을 것이다. '-로/으로'는 이 외에도 여러 가지로 많이 쓰이는데 앞의 명사의 끝 음절에 받침이 있으면 '-으로', 없으면 '-로'가 쓰인다. 'ㄹ'받침만은 예외로 '-로'가 쓰인다. 따라서 정답은 ④이다.

문제[2]는 '-로/으로'의 두 번째 용법 즉 어떤 행위의 수단이나 방법 혹은 어떤 사물의 구성원료나 재료 등을 나타낼 때의 용법을 고찰하는 문제로서 정답은 ①이다.

说明 如题[1]所示，历届韩国语能力考试中出现的'-로/으로'的题，主要考核该助词表示方向或工具手段时的用法，所以解此类题的关键在于正确掌握'-로/으로'的用法，并正确分析文章的语境。该助词接在开音节名词后用'-로'，接在闭音节名词后用'-으로'，但闭音节收音为'ㄹ'时要接'-로'，故答案为④。

题[2]为考核'-로/으로'的第二种用法即表示行为的手段或方式，有时表示某种事物的构成材料或原料，故答案为①。

부사격조사 '-에서/에게서/한테서'의 용법
(副词格助词'-에서/에게서/한테서'的用法)

첫째, 장소를 나타내는 명사에 '-에서'가 쓰여, 서술어의 동작이 일어난 장소를 나타내며 중국어의 '在…'에 해당된다.

第一，接在表示场所的名词后表示动作发生的地点，相当于汉语的介词'在…'。

[예문] 어디<u>에서</u> 일합니까?
　　　도서관<u>에서</u> 공부합니다.

둘째, '-에서'가 공간적 출발점을 나타내는 경우도 있는데 중국어의 '从…'에 해당된다.

第二，表示空间的出发点，相当于汉语介词'从…'。

[예문] 어느 나라<u>에서</u> 오셨어요?
　　　학교<u>에서</u> 시내까지 너무 멀어요.

셋째, 사람이나 동물을 뜻하는 명사에는 '-에게서/한테서'가 붙어 '-(으)로부터'의 뜻을 나타내며 '-에게서'와 '-한테서'는 서로 바뀔 수 있고, 중국어의 '从…'으로 해석할 수 있다.

第三，'-에게서/한테서'接在人物或动物(活动体)名词后，表示出处。'-에게서'与'-한테서'可以互换使用，相当于汉语介词'从…'。

[예문] 친구<u>한테서</u> 전화가 왔어요.
　　　부모님<u>에게서</u> 편지가 왔어요.

*** ‘-에서’는 ‘-에’와 같이 장소를 나타내지만 그 쓰임이 서술어에 따라 달라진다.
‘-에서’和‘-에’都可以修饰表示场所的名词，但随谓语不同用法也不同。

[예문] 친구들이 식당에 있습니다.
친구들이 식당에서 식사합니다.
시장에 갑니다.
시장에서 물건을 샀습니다.

위 예문을 보면 ‘-에’와 ‘-에서’의 구별을 찾아 볼 수 있다. 즉 서술어가 이동성 동작이거나 존재, 소유를 나타낼 때 장소명사 뒤에 ‘-에’가 쓰여 귀착점 혹은 공간적 범위를 나타내지만, 서술어가 구체적인 동작을 나타낼 때는 장소명사 뒤에 ‘-에서’가 쓰이면서 동작이 일어난 장소를 나타낸다.

从上面的例句中我们不难发现‘-에서’和‘-에’的区别。即谓语为移动性动作或表示存在、所有时，‘-에’接在表示场所的名词后表示到达点或空间范围，而谓语为具体动作时，‘-에서’接在表示场所的名词后表示动作发生的地点。

조사 ‘-에서/에게서/한테서’는 3회에 걸쳐 출제된 바 있는데 출제형식을 살펴보면 아래와 같다.

助词‘-에서/에게서/한테서’在历届考试中出现过三次，具体出题形式如下。

[1] (   )에 알맞은 것을 고르시오.

> 학교(   ) 은행까지 너무 멀어요.

① 에   ② 을   ③ 로   ④에서

[2] (   )에 알맞은 것을 고르시오.

> 친구(   ) 생일 선물을 받았어요.

① 에게   ② 께   ③ 한테서   ④에서

[3] (   )에 알맞은 것을 고르시오.

> 집(   ) 책을 읽습니다.

① 에   ② 께   ③ 부터   ④ 에서

설명 문제[1]에서 '학교'와 '은행' 두 개의 장소, 서술어 '멀어요'가 제시되어 있기에 거리에 관한 문제로 판단되면 정답을 바로 적을 수 있다. 정답은 ④이다.

문제[2]에서는 주어가 생략된 상태에서 서술어 '받다'가 쓰여 생일선물의 출처를 나타내는 문장이다. 따라서 정답은 ③이다.

문제[3]은 조사 '-에서/에게서/한테서'의 세 가지 용법과 '-에'와의 용법을 정확히 구분할 수 있다면 정답을 쓸 수 있다. 정답은 ④이다.

说明 题[1]里出现了'학교'和'은행'两个场所且谓语为'멀어요',故此句子表示距离的远近,则不难选出正确答案④。

题[2]中的主语被省略,谓语为'받다',故整个句子应该表示生日礼物的出处。答案为③。

题[3]能够正确区分助词'-에서/에게서/한테서'和'-에'的用法则容易找出正确答案。答案为④。

주격조사 '-이/가/께서' (主格助词'-이/가/께서')

첫째, 한 문장의 주어임을 표시해 주는 조사로서 선행 명사의 끝 음절에 받침이 있으면 '-이', 받침이 없으면 '-가'가 쓰인다.

第一，主格助词作为主语的标志，如先行名词为闭音节则用'-이'，否则用'-가'。

> [예문] 비가 옵니다.
> 꽃이 예쁩니다.

둘째, 주어를 높혀 말할 때는 '-께서'가 쓰이는데 이 때 동사 어간에는 존칭접미사 '-(으)시'가 호응되어 쓰여야 한다.

第二，'-께서'表示对主语的尊敬，与之呼应的动词词干后必须接词尾'-(으)시'。

> [예문] 선생님께서 말씀하십니다.
> 할아버지께서 주무십니다.

셋째, 어떤 경우에는 주격조사가 붙은 명사가 두 번 이상 나타나기도 하는데, 이 때 맨 앞의 명사는 문장 전체의 주어이고, 다음의 명사는 서술절의 주어가 된다.

第三，有时句子中会出现两个以上带有主格助词的名词，此时第一个名词为整个句子的主语，其他名词为谓语短语中的主语。

> [예문] 저 분이 김 선생님이 아니에요.
> 친구가 마음이 좋습니다.

넷째, 1인칭 대명사 '나'와 '저', 2인칭 대명사 '너', 미지칭 '누구'에 주격조사가 붙으면 각각 '내가, 네가, 누가'가 된다.

第四，人称代词'나'、'저'、'너'和疑问代词'누구'后接主格助词时则变为'내가'、'네가'、'누가'。

　　예문　<u>내가</u> 전화했어.
　　　　　<u>누가</u> 가겠습니까?

다섯째, 단체나 기관이 문장의 주어일 때는 '-에서'가 쓰인다.
第五，集体名词作主语时，主语后要接'-에서'。

　　예문　우리 학교<u>에서</u> 1등을 했다.
　　　　　회사<u>에서</u> 사원을 모집합니다.

[1-3] (   )에 알맞은 것을 고르시오.

[1]

> 그는 요즘 너무 피곤해서 휴식(   ) 필요해요.

① 이   ② 을   ③ 에   ④ 와

[2]

> 저는 한국음식(   ) 좋아요.

① 을   ② 이   ③ 으로   ④ 에

[3]

> 저는 졸업 후에 선생님(   ) 되고 싶어요.

① 으로   ② 을   ③ 이   ④ 에

설명　문제[1]에서 '필요하다'가 서술어로 제시되면서 이와 호응될 수 있는 대상 명사 뒤에는 필히 주격조사 '-이/가' 쓰여진다. 따라서 정답은 ①이다.

문제[2]에서는 서술절의 주어가 '한국음식'이므로 정답은 당연히 ②이다.

문제[3]은 '…이/가 되다'의 문형으로 정답은 ③이다.

说明　题[1]中'필요하다'作为谓语出现且能与之呼应的对象名词后必须接主格助词'-이/가'，故答案为①。

题[2]中谓语短语的主语为'한국음식'，故正确答案为②。

题[3]中使用了'…이/가 되다'句型，故答案为③。

목적격조사 '을/를' (目的格助词'을/를')

목적격 조사 '-을/를'은 문장에서 목적어임을 표시하는 조사로서 선행명사의 끝 음절에 받침이 있으면 '-을', 받침이 없으면 '-를'이 쓰인다.

目的格助词'을/를'是宾语的标志，如先行名词为开音节则用'-를'，否则用'-을'。

[예문] 한국노래를 좋아해요.

신문을 읽어요.

관형격조사 '-의' (冠型格助词'-의')

관형격 조사 '-의'는 속격 또는 소유격 조사라고 부르기도 하는데 문장에서 생략되는 경우가 많으며, 대명사 '저, 나, 너'에 관형격 조사 '-의'가 붙으면 축약되어 각각 '제, 내, 네'로 쓰인다. 중국어의 '的'에 해당된다.

冠型格助词'-의'又称属格助词或所有格助词，在句子中常常被省略。接在代词'저', '나', '너'后变为'제', '내', '네'形式，相当于汉语的'的'。

[예문] 중국(의) 날씨는 어떻습니까?

이 책은 제 것입니다.

호격조사 '-아/야/이여' (呼格助词'-아/야/이여')

호격조사 '-아/야/이여'는 어떤 인물이나 대상을 부를 때 쓰는 조사이다. 선행명사 끝 음절에 받침이 없으면 '-야/여'가 붙고 받침이 있으면 '-아/이여'가 붙는데, '-여/이여'는 시나, 격언 등 문어체에 많이 쓰인다.

叫某人或某个对象时使用呼格助词'-아/야/이여'，先行名词为开音节用'-야/여'，否则用'-아/이여'。但'-여/이여'作为书面语常在诗或格言中出现。

[예문] 영수야, 너 어디 가니?

수민아, 밥 먹어.

[1-3] (   )에 알맞은 것을 고르시오.

[1]

친구(   ) 냉면(   ) 좋아해요.

① 는, 가 ② 을, 가
③ 는, 을 ④ 을, 는

[2]

이 책은 (   ) 거예요.

① 제 ② 저 ③ 나 ④ 누구

[3]

가: 춘설(   ), 빨리 와서 밥 먹어.
나: 응, 조금만 기다려.

① 아 ② 야 ③ 이가 ④ 은

설명 조사 '-을/를'은 2회에 걸쳐 출제되었고, 조사 '-의'와 '-아/야/이여'는 각각 한번씩 출제되었는데 위에서 설명한 조사의 용법만 숙지한다면 쉽게 답을 찾을 수 있다.

문제[1]은 주어가 좋아하는 대상을 나타내는 문장으로 정답은 ③이 된다.

문제[2]는 소유를 나타내는 문제로서 정답은 ①이다.

문제[3]은 호명할 때의 상황으로 정답은 ①이다.

说明 助词'-을/를'在历届考试中出现过两次, 而助词'-의'和'-아/야/이여'则各出现过一次, 只要掌握该助词的上述用法, 不难得出正确答案.

题[1]说明了主语喜欢的对象, 故答案为③。

题[2]为表示所有的句型, 故答案为①。

题[3]为叫某人时的情景, 故答案为①。

2. 보조사(补助词)

　　보조사는 선행하는 체언에 특별한 의미를 더해주는 조사로서, 초급단계에서 다루어
야 할 보조사는 다음과 같다. '-도, -부터, -까지, -나/이나, -밖에, -은/는, -마다, -만,
-만큼, -보다, -처럼'이 있다. 이 외에도 '-조차, -마저, -뿐'등이 있는데 한국어능력시험
초급에서는 나타난 적이 없고 중급에서 몇 번 출제되었다.

　　补助词接在体言(名词·代词·数词)后起补充作用，主要包括'-도, -부터, -까
지, -나/이나, -밖에, -은/는, -마다, -만, -만큼, -보다, -처럼'。此外还有'-조차, -
마저, -뿐'等补助词, 这些助词只出现在历届中级考试题中，在此不做详解。

보조사 '-도' (补助词'-도')

　　보조사 '-도'는 어떤 것이 다른 것과 동일함을 나타내거나, 어떤 다른 것에 그것이
포함된다는 의미를 가지며 중국어의 '也'에 해당된다. 또한 명사, 조사, 부사 그리고
동사어미 뒤에 붙기도 한다.

　　补助词'-도'表示相同或包含, 相当于汉语的'也, 又'。它可接在名词、助词、副
词、动词词尾后。

　　예문　공부도 잘하고 운동도 잘해요.
　　　　　일요일에도 학교에 나가요.
　　　　　저 기차는 빨리도 달리는군요.
　　　　　아파서 영화 보러 가지도 못했어요.

보조사 '-부터' (补助词'-부터')

　　보조사 '-부터'는 시간적, 공간적 출발점 또는 시발점을 나타내는데 중국어의 '从'으로 해석할 수 있다. 다른 조사, 부사, 동사어미 뒤에 쓰이는 경우도 있고, '먼저'의 뜻을 강하게 나타내는 경우도 있는데 이때 중국어의 '先'과 같다.

　　补助词'-부터'表示时间的起始点，　也可接在其他助词、副词、动词词尾后，相当于汉语介词'从…'。有时还表示顺序的起头，起强调作用，相当于汉语的'先，先从'。

[예문] 내일부터 방학입니다.

　　　　10시부터 수업을 시작하죠?

　　　　손부터 씻고 식사합시다.

[1] (   )에 알맞은 것을 고르시오.

> 어제 옷을 샀어요. 신발(   ) 샀어요.

① 로　　　　② 도　　　　③ 과　　　　④ 에

[2] (   )에 알맞은 것을 고르시오.

> 어제 오후(   ) 머리가 아팠어요.

① 부터　　　　② 에서　　　　③ 로　　　　④ 가

설명　　보조사 '-도'는 3회에 걸쳐 모두 포함의 의미로 출제되었는데 형식은 대체적으로 문제[1]과 같다. 문장에서 서술어 '샀어요'가 중복 출현되었기에 ②가 정답이 될 것이다.

보조사 '-부터' 3회에 걸쳐 출제되었는데, 문제[2]와 같이 시간적 출발점 또는 시발점의 용법으로 나타났다. 정답은 ① 이다.

说明　　补助词'-도'在历届考试题中出现过3次，主要形式如题[1]所示。文章中重复出现了谓语'샀어요'，故正确答案应该是②。

补助词'-부터'在历届考试中出现过三次，出题形式与题[2]基本相近，即考核补助词'-부터'表示时间起始点的用法，答案为①。

보조사 '-나/이나' (补助词'-나/이나')

첫째, 두 개의 명사 사이에 쓰여 선택의 뜻을 나타내는데 중국어의 '或者'와 같다.
第一，接在两个名词之间表示选择，相当于汉语的'或者'。

> [예문] 커피나 홍차를 마시겠습니다.
> 미국이나 캐나다에 가고 싶습니다.

둘째, 대략의 수량을 나타내는데, 예상했던 것보다 많을 때 사용한다. 이러한 문장을 중국어로 해석 시 어기조사 '呢'를 사용할수 있다.
第二，表示概数且比预想的还要多，可以与汉语中带有语气助词'呢'的句子比较说明。

> [예문] 친구가 어제 소주 2병이나 마셨어요. (朋友昨天喝了两瓶烧酒呢！)
> 저는 10시간이나 잤어요.　　　　　(我睡了十个小时呢！)

셋째, 앞에 명사가 오고 뒤에 동사가 뒤따르는 형식으로, 선택의 뜻을 나타내지만 그 선택이 그리 마음에 들지 않는 경우일 때 쓰이며, '-나/이나' 앞에 조사가 붙는 경우도 있다. 중국어의 '…什么的'로 해석할 수 있다.
第三，接在名词和动词之间表示选择，但对选择不是很满意，有时助词'-나/이나' 前有其他助词出现，相当于汉语的'…什么的'。

> [예문] 주말에 영화나 보러 갈까요? (周末去看看电影什么的怎么样?)
> 음악회에나 가봅시다.　　　　(去听听音乐什么的吧!)

넷째, 대략의 수량 묻거나 추측의 뜻을 가진 의문문에 주로 사용되는데 중국어의 '大概, 或许'로 해석된다.
第四，用在疑问句中询问大约的数量或表示推测，相当于汉语的'大概, 或许'。

예문 손님이 몇 명<u>이나</u> 오세요?

며칠<u>이나</u> 걸려요?

다섯째, 의문대명사 뒤에 쓰여 '모두, 얼마나'의 뜻으로 된다. 중국어의 '无论…都…', '不管…也…' 에 해당된다.

第五，用在疑问代词后表示'无论…都…'，'不管…也…'。

예문 누구<u>나</u> 열심히 하면 성공합니다.

언제<u>나</u> 웃는 얼굴이에요.

[1-2] (　　)에 알맞은 것을 고르시오.

[1]

> 오늘 회의에 사람들이 많이 왔어요.
> 500명(　　) 참석했어요.

① 도　　　　② 만　　　　③ 밖에　　　　④ 이나

[2]

> 저는 이번 방학에 중국(　　) 일본에 가고 싶어요.

① 부터　　　　② 에　　　　③ 이나　　　　④ 조차

설명　　보조사 '-나/이나'는 3회에 걸쳐 출제된 바 있는데 위에서 정리한 첫 번째와 두 번째 용법은 출제되었고, 나머지 용법은 중급에서 가끔 출제되었다.

문제[1]의 선행절에서 이미 사람이 많다는 사실을 제시하였기에 예상보다 많다는 것을 암시하므로 정답을 바로 맞출 수 있다. 정답은 ④이다.

문제[2]에서는 두 장소명사가 제시되어 둘 중 택일의 문제로서 정답을 쉽게 찾을 수 있다. 정답은 ③이다.

说明　补助词'-나/이나'出现过三次，主要以考核该助词的第一和第二种用法出现，其他用法偶尔在中级考试中出现。

题[1]前句中已提示了有很多人，这就暗示着比想象还要多的意思，故不难找出正确答案④。

题[2]中提示了两个表示场所的名词，且在两个场所中选择一个，正确答案为③。

기타 보조사 (其他补助词)

보조사 '-밖에'는 '그것 말고는, 그것 이외에는'의 뜻을 나타내는데 후행문에는 부정형이 따르는 것이 보통이다. 중국어의 '唯独、只有'으로 해석할 수 있다.

补助词'-밖에'与否定形式相呼应，相当于汉语的'唯独、只有、除了…没有…'。

예문 우리 반에는 중국학생이 한 명밖에 없어요.

이 일을 할 수 있는 사람은 조단남 씨밖에 없을 거예요.

이 외에 보조사 '-만, -까지, -마다, -만큼, -보다, -처럼' 이 있는데, 한 두 번씩 출제된바 있어 아래와 같은 형식을 참고하면 된다.

除此之外，还有'-만，-까지，-마다，-만큼，-보다，-처럼'等助词在考试中出现过一两次，主要考题形式形式如下。

[1-4] ( )에 알맞은 것을 고르시오.

[1]

> 저는 요즘 돈이 별로 없어요. 지금 천 원( ) 없어요.

① 이나   ② 만큼   ③ 밖에   ④ 보다

[2]

> 밤인데 대낮( ) 밝아요.

① 만   ② 도   ③ 처럼   ④ 이나

[3]

> 지금 차가 밀려서 택시( ) 지하철이 빠를 거예요.

① 에   ② 로   ③ 부터   ④ 보다

[4]

> 저도 영미( ) 공부를 잘 했으면 좋겠어요.

① 한테   ② 만큼   ③ 마다   ④ 까지

설명　문제[1]의 선행절에서 돈이 없음을 이미 제시하고 후행절에 '천 원'이 등장하면서 서술어가 부정형이므로 정답은 ③이다.

　문제[2]에서 '밤'과 '대낮'이 서로 반대인 의미를 가지는 어휘이고 어미 '-ㄴ데'로 이어지기 때문에 비교나 비유의 뜻을 나타내는 '처럼' 즉 ③이 정답이다.

　문제[3]에서 '택시'와 '지하철'이 제시되고 서술어가 '빠르다'이므로 비교를 나타내는 '-보다'가 즉 ④가 정답이다.

　문제[4]에서는 '저'와 '영미'를 비교하면서 희망의 뜻을 나타내는 '-으면 좋겠다'의 문형과 같이 쓰여 정답을 쉽게 찾을 수 있다. 답은 ②이다.

説明　题[1]的前一分句中提示了没有钱，而后分句里出现了'천 원'一词，且谓语为否定形式，故正确答案应是③。

　题[2]中的'밤'与'낮'是反义词，而且用词尾'-ㄴ데'相连，故正确答案应是表示比较或比喻的'처럼'③。

　题[3]中给出了'택시'和'지하철'且谓语为'빠르다'，故答案是表示比较的'-보다'即④。

　题[4]中比较了'저'和'영미'且用了表示希望或期望的'-으면 좋겠다'句型，故不难找出答案，答案为②。

3. 접속조사(接续助词)

접속조사 중 '-와/과/하고/(이)랑'는 한국어능력시험 초급단계에서 4번 출제되었는데 그 용법은 아래와 같이 정리할 수 있다.

첫째, 문장 내에서 두 단어를 대등하게 이어주는 기능을 한다. 여기서 '-하고'와 '-랑/이랑'은 구어체 주로 사용된다. 중국어의 '和、与、同、跟'으로 해석된다.

接续助词'-와/과/하고/(이)랑'在历届初级韩国语能力考试中出现过四次，主要用法可以归纳如下。

第一，接在名词后表示并列。'-하고'和' -랑/이랑'为口语，相当于汉语的'和 与, 同, 跟'。

> 예문 교실에 의자와 책상이 있어요.
> 영수랑 수미는 영화 보러 갔어요.
> 백화점에서 옷하고 신발을 샀어요.

둘째, 행동의 공동대상자를 나타내는데 '-와/과' 뒤에 '같이, 함께' 등이 붙는 경우도 있다.

第二，表示行为的共同对象，'-와/과'后常常接'같이, 함께'。

> 예문 친구는 선생님과 얘기하고 있어요.
> 저와 같이 가시겠어요?

셋째, 비교의 대상을 나타내는데 뒤에 '같다, 다르다, 비슷하다' 등이 붙는다. 중국어의 '和…一样、相似'에 해당된다.

第三，表示比较的对象，常与'같다, 다르다, 비슷하다'连用。相当于汉语的'和…一样、相似'。

> 예문 이 가방이 내 것과 비슷해요.
> 그의 생각은 저와 좀 다릅니다.

[1-2] (   )에 알맞은 것을 고르시오.

[1]

> 저는 서점에서 사전(   ) 소설책을 샀어요.

① 하고   ② 만   ③ 도   ④부터

[2]

> 어제는 일요일이었는데 친구(   ) 같이 테니스를 쳤어요.

① 도   ② 가   ③ 밖에   ④ 와

설명 문제[1]은 한국어능력시험에서 출제된 비슷한 형식으로 대등의 의미로 쓰여 정답을 쉽게 찾을 수 있다. 정답은 ①이다.

문제[2] 역시 한국어능력시험에서 출제된 유사형식으로 행동의 공동대상자를 나타낸다. 정답은 ④이다.

(说明) 题[1]是韩国语能力考试中出现过的题型，是考核该助词表示对等的用法，答案是①。

题[2]也是在历届韩国语能力考试中出现过的题型，表示行为的共同对象，故答案为④。

* '-랑/이랑'은 지금까지의 시험에서 출제된 적 없다.
* '-랑/이랑'尚未在考试中出现。

[1-5] (　　)에 알맞은 것을 고르시오.

[1] 대학교에서 공부하는 사람(　　) 대학생이라고 해요.

    ① 도　　　　② 가　　　　③ 을　　　　④ 에

[2] 사람(　　) 성격이 다릅니다.

    ① 마다　　　② 에　　　③ 밖에　　　④ 을

[3] 위영 씨: 내일 몇 시에 만날까요?
　　일평 씨: 7시(　　) 제 방으로 오세요.

    ① 부터　　　② 까지　　　③ 를　　　④ 에서

[4] 그 할아버지는 매일 아침 나무(　　) 물을 주시고 강아지(　　) 먹이를 주십니다.

    ① 에, 에　　　　　　② 에게, 에게

    ③ 에, 에게　　　　　④ 에게, 에

[5] 오늘은 일요일이어서 차가 밀리니까 지하철(　　) 갑시다.

    ① 도　　　② 으로　　　③ 로　　　④ 에

[6-8] (　　)에 들어갈 수 <u>없는</u> 것을 고르시오.

[6] 형이 공부를 동생(　　) 못해요.

① 보다　　　　② 만　　　③ 밖에　　　④ 만큼

[7] 우리는 시장에 가서 사과(　) 배(　) 감을 사왔어요.

① 와　　　　② 하고　　　③ 랑　　　④를

[8] 그 분(　　) 부탁을 한 번 더 드려도 될까요?

① 께서　　　② 께　　　③ 한테　　　④ 에게

[9] 다음 문장의 빈칸에 알맞은 조사를 써 넣으시오.

저(　　) 중국 유학생입니다. 창신대학(　　) 한국어(　　) 공부하고 있습니다.
한국어(　　) 어렵지만 참 재미있습니다. 저는 영화(　　) 좋아합니다. 일요일(　　)
친구들(　) 같이 영화 보러 갑니다. 일주일(　) 한 번씩 부모님(　) 전화를 드립니다.
부모님(　) 공부를 열심히 하라고 하셨습니다. 한국생활이 너무 즐겁습니다.

문장의 종결형과 높임법
（句子终结形与阶称）

1. 문장종결형식(句子终结形)

　　화자는 종결어미에 의지하여 청자에게 자기의 생각을 여러 가지 방식으로 표현할 수 있다. 자기의 생각을 평범하게 진술할 수도 있고 물을 수도 있으며 상대방을 시키거나 같이 행동하기를 권유할 수도 있다. 한국어의 종결형 어미에 따라 문장을 대체적으로 서술문(평서문), 의문문, 명령문, 청유문, 감탄문으로 분류한다.

　　한국어의 문장종결형을 설명함에 있어서 항상 같이 언급되는 부분이 높임법이라고 할 수 있다. 높임법은 크게 세 가지로 나눌 수 있는데 주체 높임법, 상대 높임법, 어휘에 의한 높임법이 있다. 우선 종결어미에 관한 상대높임법을 분석하고 그 다음 주체높임법에 대해 언급하며, 어휘에 의한 높임법은 본 교재에서 제외한다.

　　상대높임법은 둘로 나뉘는데 하나는 격식체이고 다른 하나는 비격식체이다. 격식체에는 존대형, 중립형, 하대형이 있고, 비격식체에는 존대형과 하대형이 있다. 초급단계에서는 격식체보다는 비격식체가 더 많이 쓰이고 하대형보다는 존대형이 많이 쓰이며, 격식체의 중립형은 초급단계에서 거의 제외되었다.

　　다음 표는 문장종결형태와 높임법을 연관시켜 놓은 것이다. 아래 표에서 열거한 종결어미 외에도 여러 가지 형태가 있는데 한국어능력시험에 출제되었던 종결어미로는 '-(으)세요, -(으)ㄹ까요, -요'가 있고 반말형식은 한 번 출제된 바 있다. 제일 많이 출제되었던 종결어미의 순으로 '-(으)세요, -(으)ㄹ까요, -(으)ㅂ시다' 등이 있다.

			서술문	의문문	명령문	청유문	감탄문
격식체	존대형	동사	-ㅂ/습니다	-ㅂ/습니까	-(으)십시오	-(으)십시다	
		형용사	-ㅂ/습니다	-ㅂ/습니까			
		'이다'	-(이)ㅂ니다	-(이)ㅂ니까			
	하대형	동사	-ㄴ/는다	-니,-느냐	-어/아/여라	-자	는구나
		형용사	-다	-(으)니/냐			구나
		'이다'		-(이)니/냐			이구나
비격식체	존대형	동사	-어/아/여요	-어/아/여요	-어/아/여요	-어/아/여요	는군요
		형용사	-어/아/여요	-어/아/여요			군요
		'이다'	-이어/여요	-이어/여요			(이)군요
	하대형	동사	-어/아/여	-어/아/여	-어/아/여	-어/아/여	는군
		형용사	-어/아/여	-어/아/여			군
		'이다'	-(이)야	-(이)야			(이)군

 说者可以使用各种终结词尾对听者表达自己的想法，其形式有陈述形、疑问形、命令形、共动形(请诱形)、感叹形。

阶称的说明常常与终结词尾相提并论，其形式主要分为三种，即对主体的尊敬、相对尊敬、个别词汇等尊敬形式。下面将详细说明相对尊敬及对主体的尊敬，在本书中对词汇的尊敬不做详解。

相对尊敬可分为格式体和非格式体，格式体还可以分为尊敬阶、对等阶(中立阶)、基本阶(对下阶)，而非格式体可分为尊敬阶和基本阶(对下阶)。在初级阶段非格式体的使用比格式体的使用频率要高一些，且尊敬阶比基本阶(对下阶)使用频率高，格式体的对等阶(中立阶)不做初级阶段的学习内容。

上表为句子的终结形式与阶称形态的总和。除在上表中列出的终结词尾以外，在韩国语能力考试中出现的终结词尾有'-(으)세요, -(으)ㄹ까요, -요'。考核对下阶用法出现过一次，出题频率较多的词尾依次为'-(으)세요, -(으)ㄹ까요, -(으)십시다'等。

[1-3] (   )에 알맞은 것을 고르시오.

[1]

> 가: 이 책을 선물로 드리고 싶은데 어느 분한테 드릴까요?
> 나: 김 선생님께 (   ).

① 드렸어요   ② 드리세요
③ 드립니다   ④ 드리겠어요

[2]

> 가: 친구하고 여행을 가려고 하는데 어디가 (   )?
> 나: 친구가 산을 좋아하니까 설악산이 괜찮을 거예요.

① 좋았어요   ② 좋을까요
③ 좋군요   ④ 좋을 거예요

[3]

> 가: 서울에 뭐 타고 갈까요?
> 나: 버스 타고 (   )

① 갔어요   ② 갑시다
③ 가는 것 같아요   ④ 가고 있어요

문제[1]과 같이 주어가 1인칭 단수인 경우 즉 '나, 저'일 때, 자신의 의도에 대한 상대방의 의사를 묻는 의미가 된다. 이 경우 동사와만 결합되며 대답형식은 명령형으로 표현된다. 정답은 ②이다.

문제[2]와 같이 주어가 3인칭인 경우, 동사와 형용사와 모두 결합될 수 있는데, 이 때는 화자의 추측을 나타내며, 대답형식도 추측형으로 된다. 정답은 ②이다.

문제[3]과 같이 주어가 1인칭 복수 '우리'인 경우, 상대방의 의사를 묻거나 동의를 구하는 의미가 되는데 이 때도 동사와만 결합되고 대답형식은 청유형이 된다. 정답은 ②이다.

说明 题[1]主语为第一人称单数'나'或'저'，表示对自己的想法征求对方意见，与此呼应的必须是动词且用命令形回答。答案为②。

题[2]的主语为第三人称，与此呼应的可以是动词也可以是形容词，此时表示说者的推测且回答形式也应该是推测形，故答案为②。

题[3]的主语为第一人称复数'우리'，此时也表示征求对方意见，与此呼应的必须是动词，回答形式应是共动形，答案为②。

반말형태는 시험에 한 번 정도 출제된 적 있는데 문제형식은 다음과 같다.

基本阶（对下阶）在历届考试中出现过一次，具体形式如下。

[1] 다음 보기 문장을 반말형태로 맞게 바꾼 것은?

> 보기: 친구가 내일 올 거예요.

① 친구가 내일 올 거예.
② 친구가 내일 올 거요.
③ 친구가 내일 올 거구나.
④ 친구가 내일 올 거야.

[2] 다음 보기 문장을 반말형태로 바꾸어 쓰시오.

> 보기: 오후 5시까지 사무실로 오세요.

____

설명 반말형태는 시험에 자주 나타나지 않는 부분으로서, 위의 종결어미 표에서 제시한 내용만 장악하면 그리 어려운 문제는 아닐 것이다. 문제[1]의 정답은 ④이다.

문제[2]의 보기에서 문장종결형이 명령형이므로 정답은 비격식체와 격식체 두 가지로 쓸 수 있다.

(오후 5시까지 와) / (오후 5시까지 와라)

说明 基本阶（对下阶）在考试中不常出现，只要掌握上面终结词尾表即可，题[1]答案为④。

题[2]中例句的终结形式为命令形，故答案有两种形式即非格式体和格式体。

(오후 5시까지 와) / (오후 5시까지 와라)。

2. 높임법(阶称)

위 에서 설명한 종결어미의 존대형과 하대형은 사실상 상대 높임법의 범주라고
한다면 동사나 형용사 뒤에 '-(으)시-'를 붙이면 주체 높임으로 된다. 참고로, 주체를
높일 경우, 동사에 '-(으)시-'를 결합하는 것 외에 일반적으로 주격조사 '-이/가'를 '-께서'
로 고쳐야 한다.

上述终结词尾的尊敬阶与基本阶(对下阶)属于相对尊敬，而动词或形容词后接词
尾'-(으)시-'属于对主体的尊敬，此时与之呼应的主格助词不是'-이/가'而是'-께서'。

> 예문 선생님께서 신문을 읽으십니다.
> 너무 오래 기다리셨습니다.
> 어느 분이 시내에 가십니까?

주체높임은 제4회 시험에서 주관식 문제로 한 번 출제된 바 있는데 위의 설명부분만
잘 이해하면 시험에서는 크게 어려움이 없을 것이다.

考核对主体尊敬的题型在第四届考试中以主观题形式出现过，故只要掌握上述说
明部分，解此类题应该不是很难。

[1-4] 다음 문장을 존대형으로 바꾸시오.

[1] 할아버지가 기다립니다.

[2] 선생님이 교실에 있다.

[3] 아버지가 잔다.

[4] 선배님들이 밥을 먹는다.

[5-8] 알맞은 종결어미를 고르시오.

[5] 내일 날씨 (   )?

① 어떻군요   ② 어떨까요?   ③ 어떻지요   ④ 어떻게요

[6] 가: 저 학생이 중국어를 정말 잘 하네요.
　　나: 저 학생이 중국 사람(   )?

① 이지요   ② 이군요   ③입니다   ④ 있지요

[7] 가: 이 책을 이 선생님께 드려도 되지요?

　　나: 네. (　　　　　)

　　　① 드리세요　　　　　　② 드립시다

　　　③ 드립니다　　　　　　④ 드리겠어요

[8] 가: 급히 신촌에 가야 하는데 뭘 타고 (　　　　　)?

　　나: 지금 길이 많이 막히니까 지하철 타고 가세요.

　　　① 갔어요　　　　　　② 갈까요

　　　③ 가실까요　　　　　④ 갈 거예요

[9] 밑줄 친 부분이 틀린 것을 고르시오.

　　　① 아버지께서 지금 주무십니다.
　　　② 할아버지께서 밖에 나가실 겁니다.
　　　③ 할머니께서 지금 방에 있으십니다.
　　　④ 어른이 말씀하실 때는 잘 들어야합니다.

시제
（时制）

1. **과거형**(过去时)

　　한국어의 과거시제는 동사와 형용사의 어간에 과거시제를 나타내는 어미 '-었/았/였-'을 붙여 쓴다. 어간의 모음이 'ㅏ, ㅗ'일 때는 '-았-'을 붙이고, '하다' 동사는 '-였-'을 쓰고 그 외의 모음일 때는 '-었-'을 붙인다.

　　在韩国语动词或形容词词干后接词尾'었/았/였'表示过去时。如词干最后音节的元音为'ㅏ, ㅗ'时接'-았-', '하다'动词词干后接'-였-', 词干最后音节的元音为其他元音时接'-었-'。

　　예문 가다　→　갔습니다

　　　　보다　→　봤습니다

　　　　먹다　→　먹었습니다

　　　　배우다 →　배웠습니다

　　　　쓰다　→　썼습니다

　　　　치다　→　쳤습니다

　　　　하다　→　했습니다

　　　　좋다　→　좋았습니다

2. 현재형(現在时)

  사물의 성질이나 현재의 상태, 반복되는 동작이나 습관 그리고 불변의 진리를 현재형
으로 표현하고, 또한 발화 시 이후에 사건이 일어나도 그것이 예정된 일이면 현재형으로
표현한다.
  描述事物的性质或现在的状态、反复的动作、习惯、真理等时用现在时，而且描
述此刻以后肯定发生的事情也用现在时。

> (예문) 책상 위에 책이 <u>있습니다</u>.
> 해가 <u>진다</u>.
> 그 사람은 항상 <u>웃는다</u>.
> 내일 한국을 <u>떠난다</u>.
> 내년에 <u>졸업해요</u>.

3. 미래형(将来时)

  미래형은 '-겠'으로 나타낸다. 주어가 제1인칭일 때 의지를 나타내고, 제3인칭일
때 추측을 나타낸다.
  将来时用'-겠'来表示，主语为第一人称时表示意志或意愿，主语为第三人称时表
示推测。

> (예문) 잠시 후에 세 시가 <u>되겠습니다</u>.
> 내일은 오전에 비가 <u>오겠습니다</u>.
> 다음 달에 한국에 <u>가겠어요</u>.
> 저는 선생님이 <u>되겠어요</u>.

[1-3] (   )에 알맞은 것을 고르시오.

[1]

> 가: 이 영화 같이 봐요.
> 나: 미안해요. 이 영화는 지난 주말에 (   )

① 봐요
② 봤어요
③ 볼 거예요
④ 보려고 해요

[2]

> 가: 선생님께서는 지금 댁에 계셔요?
> 나: 지금 안 계셔요. 조금 전에 학교에 (   )

① 가요
② 갔어요
③ 가실 거예요.
④ 가셨어요

[3]

> 가 : 언제 설악산에 가요?
> 나 : 내일 (   )

① 갈 거예요
② 갔어요
③ 갈까요
④ 가세요

설명 시제에 관한 문제는 거의 매회 시험에 출제된 바 있는데 주어진 문장 내에 시간을 나타내는 단어가 있는 것이 대부분이므로 이 단어에만 유의하면 이러한 문제들을 쉽게 풀 수 있다.

문제[1]에서는 '지난 주말'이라는 표현이 나와 있어 과거형을 쓴 ②가 정답이다.

문제[2]에서는 '조금 전'이라는 표현으로 이미 정답을 제시했다. 답은 ④이다.

문제[3] 역시 마찬가지로 '내일'이라는 어휘만 잘 파악하면 문제를 쉽게 풀 수 있다. 따라서 정답은 ①이다.

说明 考核有关时制的题在每届考试中都出现过，题的特点为句子内都有表示时间的词汇，故只要留意这些词汇，就会容易找到答案。

题[1]中有'지난 주말'一词，正确答案应是过去时，故答案为②。

题[2]里有'조금 전'一词，同样也暗示了正确答案，该题答案为④。

题[3]只要了解'내일'一词的意思，答案也就容易找到。正确答案为①。

[1-4] 다음 문장에 맞는 것을 고르시오.

[1] 지금 영민이는 방에서 숙제를 합니다. (   )
　　　　　　　　　　　　　　　　했습니다. (   )
　　　　　　　　　　　　　　　　하겠습니다. (   )

[2] 가: 여보세요, 박철민 씨 있어요?
　　나: 네 잠깐만 (　　　　　)

　　① 기다리세요.　　　　　　②기다렸어요.
　　③ 기다리겠어요.　　　　　④ 기다릴 거예요.

[3] 가: 어제 밤에 열이 많이 나서 잠도 잘 못 잤어요.
　　나: 그래요? 정말 (　　　　　)

　　① 힘들었어요.　　　　　　② 힘들거예요.
　　③ 힘들어졌어요.　　　　　④힘들었겠어요.

[4] 다음 달부터 한국어를 (　　　　　)

　　① 배울 거예요.　　　　　② 배워 봤어요.
　　③ 배웠어요.　　　　　　④ 배운 거예요.

부정형
(否定形式)

1. 서술문과 의문문의 부정 (陈述句与疑问句的否定形式)

　　서술문과 의문문의 부정형은 단형 부정형과 장형 부정형으로 나뉘는데, 단형 부정형은 동사 앞에 '안' 또는 '못'이 오고, 장형 부정형은 동사 뒤에 '-지 않다' 또는 '-지 못하다'가 온다.

　　'안' 혹은 '-지 않다'의 부정문은 주체의 의지에 의한 행동의 부정을 말하고, 주로 동사와 형용사에 쓰인다. '못' 또는 '-지 못하다' 부정문은 주체의 능력이나 외적인 원인 때문에 그 행위가 일어날 수 없는 부정이며 형용사에는 잘 쓰이지 않는다.

　　陈述句和疑问句的否定形式可分为短型否定和长型否定。动词前用'안'或'못'为短型否定；动词词干后接'-지 않다'或'-지 못하다'则为长型否定。

　　'안'或'-지 않다'的否定句是对主体意志或意愿的否定，主要与动词或形容词连用。'못'或'-지 못하다'的否定句是对主体能力的否定或表示因外界因素而不能发生的行为，很少与形容词呼应。

> 예문　영수는 학교에 <u>안 갔습니다.</u>
> 　　　영수는 학교에 <u>가지 않았습니다.</u>
> 　　　영수는 학교에 <u>못 갔습니다.</u>
> 　　　영수는 학교에 <u>가지 못했습니다.</u>
>
> 　　　그 아이는 <u>안 착합니다.</u>
> 　　　그 아이는 <u>착하지 않습니다.</u>

2. 명령문과 청유문의 부정 (命令句与共动句的否定形式)

명령문과 청유문의 부정은 '-지 말다'로 표현된다.
命令句和共动句的否定形式用'-지 말다'表示。

[예문] 집에 가지 마세요.
　　　 공원에 가지 말자.
　　　 큰 소리로 말하지 맙시다.

　명령문과 청유문의 부정형에 관한 문제는 아직 출제된 적이 없는데 '말다'의 불규칙
활용만 정확하게 이해한다면 큰 어려움이 없을 것이다.
　在历届考试中考核命令句和共动句的否定形式尚未出现过，只要掌握'말다'的不
规则变化即可。

✎ 보충설명 补充说明

(1) '하다'형 동사의 단형 부정형은 '하다' 앞, 명사 뒤에 '안' 또는 '못'이 들어가야 한다.
　　'하다'动词的短型否定形应在'하다'前、名词后用'안'或'못'表示。

　　[예문] 영수는 지금 공부 안 합니다.
　　　　　 영수는 지금 공부하지 않습니다.
　　　　　 영수는 지금 아파서 공부 못 합니다.
　　　　　 영수는 지금 아파서 공부하지 못합니다.

(2) '이다'형 동사의 부정형은 '-이/가 아니다'이고, '있다'의 부정형은 '없다'로, '알다'의 부정형은
　　'모르다'이다.
　　'이다'动词的否定形为'-이/가 아니다', '있다'的否定形为'없다', '알다'的否定形为'모
르다'。

　　[예문] 영수는 학생이다/영수는 학생이 아니다.
　　　　　 책상 위에 책이 있다/책상 위에 책이 없다.
　　　　　 그 사람을 잘 안다/그 사람을 잘 모른다.

[1] ( )에 맞는 것을 고르시오.

> 가: 왜 오늘은 (　　　　)?
> 나: 피곤해서 산책하지 않았어요.

① 안 산책했어요　　　　② 산책 안 했어요
③ 못 산책했어요　　　　④ 산책 못 했어요

[2] 밑줄 친 부분과 의미가 같은 것을 고르십시오.

> 가: 피곤하세요?
> 나: 아니오, <u>피곤하지 않아요.</u>

① 못 피곤해요　　　　② 안 피곤해요
③ 피곤 안 해요　　　　④ 피곤 못 해요

[3] 다음 글을 읽고 ( )에 알맞은 것을 쓰십시오.

> 가: 중국 사람이에요?
> 나: 아니요, 중국사람(　　). 미국 사람이에요.

(　　　　　　　　　　)

설명　문장의 부정형에 관한 문제는 초급에서 몇 번 출제되지 않았지만 초급단계에서 이해해야 할 내용이므로 그 용법에 유의해야 한다.

문제[1]은 의문문의 부정형으로서 '하다'형 동사의 용법에 해당되는데 '하다'동사의 부정형은 명사 뒤, '하다' 앞에 부정사가 와야 한다. 또한 이 문제는 주체의 의지에 의한 행동의 부정이므로 정답은 ②이다.

문제[2]에서 '피곤하다'는 형용사이므로 쉽게 정답을 찾을 수 있다. 정답은 ②이다.

문제[3]은 '이다'형 동사의 부정형을 적는 문제로서 정답은 '중국사람이 아니에요'이다.

说明　在历届考试中考核否定形的题出现的不是很多，但在初级阶段是应该掌握的内容，下面举几个例子说明。

题[1]的谓语为'하다'动词的疑问句否定形。'하다'动词的否定形应该是在名词后'하다'前，用'안'或'못'表示否定，而且此句是否定主体意愿的句子，故答案为②。

题[2]中的'피곤하다'为形容词，故不难找出答案，正确答案为②。

题[3]为书写'이다'动词的否定形，正确答案是'중국사람이 아니에요'。

[1-6] 다음 문장의 밑줄 친 부분을 부정형으로 바꾸시오.

[1] 동생이 편지를 <u>썼습니까?</u>

[2] 여기에서 담배를 <u>피우세요.</u>

[3] 집에 <u>가십시오.</u>

[4] 이것은 <u>사전입니다.</u>

[5] 지금 시간이 <u>있으세요?</u>

[6] 저 사람을 <u>압니다.</u>

[7-9] (   )에 알맞은 것을 고르십시오.

[7] 가: 주말에 같이 등산 갈까요?
　　나: 미안합니다. 시간이 없어서 (　　　　)

　　① 가지 않습니다.　　　　② 가지 못 합니다.
　　③ 안 갑니다.　　　　　　④ 가지 마세요.

[8] 가: 지난 주말에 영화 보러 가셨습니까?
　　나: 아니오, 재미없어서 (　　　　)

　　① 못 갔어요.　　　　　② 안 갔어요.
　　③ 가지 못했어요.　　　④ 가지 맙시다.

[9] 가: 물건 값이 비쌉니까?
　　나: 아니오, 별로 (　　　　)

　　① 비싸지 않아요.　　　② 비싸지 못합니다.
　　③ 못 비싸요.　　　　　④ 비싸지 마세요

용언의 불규칙활용
(用言的不规则活用)

용언의 형태변화 가운데는 일정한 환경에서는 예외 없이 자동적으로 바뀌는 것이 있는가 하면 부분적으로 바뀌는 것이 있다. 우리는 일반적으로 전자를 규칙활용이라고 하고 후자를 불규칙활용이라고 부른다.

불규칙 용언에는 몇 가지가 있는데 아래에서 하나하나 설명하기로 한다.

用言的形态变化我们可分为规则变化和不规则变化，下面逐一介绍不规则用言的用法。

1. 'ㅅ'불규칙('ㅅ'不规则)

일부 어간이 'ㅅ' 받침인 용언이 모음 앞에서 'ㅅ' 받침이 탈락된다.

部分词干的收音为'ㅅ'的用言在元音前收音'ㅅ'脱落。

	-어/아/여요	-(으)면
낫다	나아요	나으면
붓다	부어요	부으면
잇다	이어요	이으면
짓다	지어요	지으면

예문 친구의 병이 다 <u>나았어요.</u>

컵에 물을 가득 부어 <u>주세요.</u>

이 줄을 <u>이어서</u> 씁시다.

저는 밥을 잘 <u>지어요.</u>

2. '르' 불규칙('르' 不规则)

모든 어간이 '르'받침인 용언이 'ㄴ, ㅂ, ㅅ'과 결합할 때 받침 '르'이 탈락된다.
所有词干的收音为'르'的用言后接'ㄴ, ㅂ, ㅅ'时，收音'르'脱落。

	-ㅂ/습니다	-니까	-아(어/여)요
알다	압니다	아니까	알아요
놀다	놉니다	노니까	놀아요
울다	웁니다	우니까	울어요

예문 김 선생님의 전화번호를 <u>압니까</u>?
아이들이 잘 <u>노니까</u> 저도 기분이 좋아요.
친구가 지금 <u>울어요.</u>

3. 'ㅂ' 불규칙('ㅂ' 不规则)

일부 어간이 'ㅂ' 받침인 용언이 모음과 결합할 때 받침 'ㅂ'이 탈락되고 '-오/우'가
첨가된다. 보통 '-우'가 첨가되는데 '돕다, 곱다'의 경우에는 모음 '-어/아/여'가 올 때
'-오'가 첨가된다.
部分词干收音为'ㅂ'的用言与元音相连时，收音'ㅂ'脱落，添加'-오/우'。一般情况
下用言后都加'-우'，而'돕다, 곱다'后接元音'-어/아/여'时，加'-오'。

	-어/아/여요	-(으)면
돕다	도와요	도우면
곱다	고와요	고우면
반갑다	반가워요	반가우면
아름답다	아름다워요	아름다우면

[예문] 저를 좀 <u>도와</u> 주세요.

그 사람은 마음이 너무 <u>고와요.</u>

너무 <u>반가워서</u> 눈물이 나요.

제주도의 경치는 너무 <u>아름다워요.</u>

4. '**ㄷ**' 불규칙('ㄷ' 不规则)

일부 어간이 'ㄷ' 받침인 용언과 모음이 결합할 때 받침 'ㄷ'이 모음 앞에서 'ㄹ'
로 바뀐다.

部分词干收音为'ㄷ'的用言与元音相连时，收音'ㄷ'变为'ㄹ'。

	-어/아/여요	-(으)면
묻다	물어요	물으면
듣다	들어요	들으면
걷다	걸어요	걸으면

[예문] 내가 <u>물으면</u> 대답하세요.

그 아이는 말을 참 잘 <u>들어요.</u>

학교까지 <u>걸어서</u> 가요.

5. '**르**' 불규칙('르' 不规则)

어간이 '르'인 일부 용언이 뒤에 오는 모음 '-아/어/여'와 결합되면 '—'가 탈락되고,
'ㄹ'이 첨가된다.

部分词干为'르'的用言后接元音'-아/어/여'时，元音'—'脱落，添加'ㄹ'。

	-어/아/여요	-어/아/여서
빠르다	빨라요	빨라서
흐르다	흘러요	흘러서
모르다	몰라요	몰라서

(예문) 많이 먹어서 배가 불러요.

비행기는 기차보다 빨라서 좋아요.

그 일은 잘 몰라요.

6. 'ㅎ' 불규칙('ㅎ' 不规则)

일부 어간이 'ㅎ' 받침으로 끝나는 형용사는 모음과 결합하면 받침 'ㅎ'이 탈락되고, 뒤에 오는 모음이 '-아/어/여'이면 '-애'로 바뀐다.

部分词干收音为'ㅎ'的形容词与元音相连时，收音'ㅎ'脱落。如后接的元音为'-아/어/여'则变为'-애'。

	-어/아/여요	-(으)ㄹ까요?
어떻다	어때요	어떨까요?
빨갛다	빨개요	빨갈까요?
하얗다	하얘요	하얄까요?

(예문) 그 영화 어땠어요?

부끄러워서 얼굴이 빨개요.

눈이 내려서 바깥이 하얘요.

지금까지 불규칙 용언에 대한 활용규칙을 설명했는데 위와 같은 불규칙에 따르지 않는 규칙용언도 많이 있다. 활용 시 반드시 불규칙 용언인지 아닌지를 확인하고 문제를 풀어야 한다.

以上说明了不规则用言（动词、形容词）的具体变化规则，除此之外还有许多规则用言，活用时首先应明确该用言是否为不规则用言。

불규칙 유형	불규칙 용언		규칙용언
	동사	형용사	
'ㅅ'불규칙	짓다, 붓다, 긋다, 젓다, 잇다	낫다	벗다, 웃다, 씻다, 빗다, 솟다, 빼앗다
'ㅂ'불규칙	돕다, 눕다, 깁다, 줍다	고맙다, 춥다, 반갑다 덥다, 곱다, 맵다 무겁다, 가볍다 아름답다	잡다, 뽑다, 씹다 입다, 접다
'ㄷ'불규칙	걷다, 묻다, 듣다 싣다, 긷다, 깨닫다		받다, 닫다, 얻다 묻다, 믿다, 쏟다
'ㄹ'불규칙	부르다, 나르다, 고르다, 오르다 누르다, 흐르다	다르다, 빠르다 서투르다	치르다, 들르다
'ㅎ'불규칙		그렇다, 빨갛다 노랗다, 파랗다 까맣다	좋다, 놓다, 낳다
'ㄹ' 불규칙	모든 어간이 'ㄹ' 받침인 용언		

[1] 밑줄 친 부분이 틀린 것을 고르십시오.

① 어디에 <u>살으세요</u>?

② 중국에 <u>살지만</u> 중국말을 잘 못합니다.

③ 저는 마산에 <u>삽니다.</u>

④ 저는 부산에 <u>살고</u> 친구는 서울에 삽니다.

[2] 다음 글을 읽고 (   )에 알맞은 것을 쓰십시오.

가: 주말에 뭐 했어요?

나: 친구와 산에 갔어요.

가: 재미있었어요?

가: 네, 재미있었어요. 그런데 너무 (덥다) 힘들었어요.

(   )

보충설명 补充说明

** 한국어능력시험 제10회부터 쓰기 영역 외 모든 영역 문제가 객관식으로 출제되므로 다음의 문제[2]와 같은 형식으로 출제되지 않을 것이나 제시된 선택항목 중에서 정답을 찾을 수 있어야 한다.

**自第十届韩国语能力考试开始，除写作部分外其他部分的出题形式均为客观题，故类似于题[2]的主观题不会在考试中出现，但如改为客观题时应该能选出正确答案。

설명 불규칙 활용에 관한 문제는 거의 매회 출제되는데 그 중 'ㄹ'불규칙 활용에 관한 문제의 출제 빈도가 가장 높다. 형식은 대체적으로 위에서 제시한 것과 같이 틀린 것 고르기, 빈칸에 알맞은 것을 써넣기 등 형식이 있다.

문제[1]은 'ㄹ'불규칙 동사의 활용으로서 모음이 아닌 'ㄴ, ㅂ, ㅅ'과 결합할 때 'ㄹ'이 탈락된다는 점을 고려한다면 정답을 쉽게 찾을 수 있다. 정답은 ①이다.

문제[2]는 'ㅂ'불규칙 동사의 활용으로서, 뒤에 모음이 올 때 받침 'ㅂ'이 탈락되면서 '-우'가 첨가된다. 또한 문맥을 보며 문장의 앞뒤 관계가 인과 관계를 나타내므로 연결어미 '-우'를 이용하여 답을 적을 수 있다. 정답은 (더워서)이다.

说明 有关不规则变化的考题在每届考试中都会出现，其中'ㄹ'不规则变化的出题频率最高。其出题形式有选择错误的一项，填写正确形式等类型。

题[1]为考核'ㄹ'不规则动词变化的题，只要掌握'ㄹ'不规则用言后接'ㄴ, ㅂ, ㅅ'而不是元音时的变化规则就很容易找到正确答案，答案为①。

题[2]为考核'ㅂ'不规则动词的变化的题，后接元音时收音'ㅂ'脱落添加'-우'，而且前后分句的关系为因果关系，所以使用连接词尾'-우'填写正确答案。答案为(더워서)。

[1-7] (   )에 알맞은 것을 고르십시오.

[1] 택시가 버스보다 (   ) 택시로 왔어요.

① 빠르어서　　② 빨아서　　③ 빨라서　　④ 빠르서

[2] 선생님도 저분을 (   )?

① 알십니까　　② 아십니까　　③ 알으십니까　　④ 알습니까

[3] 오늘은 선물을 (   ) 기분이 좋습니다.

① 받아서　　② 발아서　　③ 발라서　　④ 받어서

[4] (   ) 모자를 한 번 써 보세요.

① 빨갛은　　② 빨갛는　　③ 빨간　　④ 빨가는

[5] 이 빵을 (   ) 사람은 누구입니까?

① 만드는　　② 만든　　③ 만들은　　④ 만들을

[6] 선생님 연락처는 장요 씨한테 (　　) 알려 줄 거예요.

　① 물어 보면　　　② 묻어 보면　　　③ 물러 보면　　　④ 무러 보면

[7] 저 아이는 항상 (　　) 얼굴이에요.

　① 웃은　　　　　② 웃는　　　　　③ 우은　　　　　④ 우을

[8-10] 밑줄 친 부분이 틀린 것을 고르시오.

[8] ① 왕연 씨가 노래를 <u>부를 거예요.</u>
　② 그 학생은 <u>다른</u> 나라에서 왔어요.
　③ 영어를 <u>모르어서</u> 많이 힘들었어요.
　④ 택시보다 지하철이 더 <u>빨라서</u> 택시 타고 왔어요.

[9] ① 지난번에 대단히 <u>고맙었어요.</u>
　② 날씨가 <u>추워서</u> 감기에 걸렸어요.
　③ <u>매운</u> 음식은 저도 잘 먹어요.
　④ 치마를 <u>입은</u> 사람이 제 친구예요.

[10] ① <u>파란</u> 옷이 잘 어울려요.
　② 강물이 <u>흘러</u> 바다로 모입니다.
　③ 이 가게에서는 중국 음식도 <u>팔아요.</u>
　④ 방이 더우니까 창문을 <u>열으세요.</u>

어미의 활용
（词尾的活用）

이 장에서는 어미를 연결어미, 부사형 어미, 관형형 어미로 분류하여 설명할 것이다. 한국어능력시험 초급에서 출제되는 어미는 아주 제한되어 있어 시험에 자주 등장하는 몇 개를 예로 제시하겠다.

在本章分类说明连接词尾，副词形词尾，规定词尾(冠型形词尾)。在初级韩国语能力考试中出现的词尾非常有限，下面就在考试中常见的几个词尾举例说明。

1. 연결어미(连接词尾)

> 순차적 관계와 인과적 관계를 나타내는 연결어미 '-고', '-아'어/여서', '-(으)니까'
>
> (表示顺序关系，因果关系的连接词尾 '-고', '-아'어/여서', '-(으)니까')

'-고'

(1) 두 가지의 사실을 단순히 나열한다.

单纯罗列叙述两件事实。

예문 새가 울고 꽃이 핍니다.

김 선생은 서울에서 살고 이 선생은 부산에서 산다.

(2) 두 가지의 사건이 같은 시간에 동시 발생했을 때 쓴다.

叙述两个同时发生的动作或事件。

[예문] 나는 피아노를 치고 동생은 노래를 불렀습니다.

　　　 어제는 비가 오고 바람도 불렀어요.

(3) 두 가지 이상의 사실을 말할 때 후행문의 내용보다 선행문의 내용이 먼저 이루어짐을 나타낸다.

也可以表示动作发生的先后关系，前句动作发生在后句之前，相当于汉语的'先…然后…'。

[예문] 손을 씻고 식사를 합니다.

　　　 아침을 일찍 먹고 학교에 갔습니다.

(4) 동사에 따라서는 선행문의 동작이 완료되어, 그 상태가 후행문에서 지속됨을 나타내기도 한다.

表示前一个动作结束，但其状态一直维持到后一个动作发生，即前文是后文进行的方式。

[예문] 형이 새 옷을 입고 외출했습니다.

　　　 어제 기차를 타고 부산에 갔습니다.

　　　 가방을 들고 밖으로 나갔습니다.

'-어/아/여서'

(1) 선행문이 후행문의 원인이 된다. 이때 선행문의 동사에는 시제를 표현하는 어미를 붙일 수 없고 후행문의 종결어미에 명령형이나 청유형은 쓰이지 않는다.

表示前文是后文的原因。前句的谓语不能接时制词尾，后句不能用命令句或共动句式。相当于汉语的'因为，由于'。

[예문] 저는 바빠서 참석하지 못했습니다.

　　　 아이가 배가 아파서 울고 있습니다.

　　　 바람이 심하게 불어서 나뭇잎이 떨어졌습니다.

(2) 선행문의 동작이 후행문의 동작에 순차적으로 앞선다. 선행문의
동작이 완료된 후의 상태를 그대로 유지하면서 후행문의 동작을
행한다는 뜻이다. 그러므로 어느 정도 지속될 수 있는 동사만 올
수 있다. 이때 선행문에는 동사가 쓰이며, 후행문의 종결어미에는
제약이 없다.

表示时间上先后发生的两个动作，但后一动作进行过程中要保持
前句动作的状态。因此前句所用的动词通常为持续动词。在这种
用法里，后句的终结形无任何限制。

[예문] 시장에 가서 여러 가지물건을 삽니다.
　　　의자에 앉아서 잠깐만 기다리십시오.
　　　김 선생을 만나서 재미있는 이야기를 들었어요.

'-니까'

(1) 선행문의 동작이나 상태가 후행문의 이유가 되는 경우에 쓰인다.
화자의 주관적 느낌이나 생각을 나타낸다. 후행문의 종결어미로는
명령형이나 청유형이 많이 쓰인다.

表示前句的内容是后句的理由，这个理由通常是说话人的主观想
法或感觉。在这种情况下，后句的句式常用命令句或共动句。相
当于汉语的'因为，由于'。

[예문] 오늘은 날씨가 추우니까 옷을 많이 입으세요.
　　　내일은 일요일이니까 집에서 쉬십시오.
　　　제가 잘못했으니까 제가 사과하겠습니다.

(2) 선행문의 동작이 후행문의 내용을 확인하거나 발견하게 하는
계기가 되었음을 뜻한다. 이때 의문문을 제외하고 선행문의 주어는
화자이다.

表示前句的动作是发现后句内容或事实的契机，这种情况下，后
句的句式如果是非疑问句，那么它的主语一定是说话人。

[예문] 집에 가니까 친구의 편지가 있었습니다.

김 선생의 말을 들으니까 저도 잘 할 수 있겠다는 생각이 들어요.

한국말을 공부해 보니까 재미있어요?

(1) 앞에서 언급된 '-아/어/여서'와 '-고'는 다 순차적 시간관계를 나타낼 수 있는데 사용할 때 바꿔 쓸 수 없다. '-아/어/여서'를 사용해 시간관계를 표현할 때 선행문과 후행문의 순서가 바뀌면 합리적이지 못하는 반면에 '-고'가 쓰일 때 선후행문의 순서가 바뀌도 합리적인 문장이 될 수 있다.

前文已经提到, '-아/어/여서'和'-고'都可以表示先后发生的两个动作, 其不同之处 在于 : 使用'-아/어/여서'连接的前后两个动作不可互换, 如果顺序颠倒将出现逻辑 上的错误 ; 而'-고'连接的前后两个动作即使互换也不会发生逻辑上的问题。

[예문] 편지를 써서 부쳤습니다.

(只有写完了信才能邮寄, 顺序不可颠倒, 因此使用'-아/어/여서'。)

편지를 쓰고 나갔습니다.

(写信和出去哪个先发生并不存在逻辑上的问题, 因此使用'-고'。)

밥을 지어서 먹었습니다.

밥을 짓고 반찬을 만들었습니다.

(2) '-아/어/여서'와 '-(으)니까'는 다 이유나 원인을 설명하는 뜻이 있지만, '-(으)니까'의 후행문에 명령형과 청유형이 많이 쓰이지만 '-아/어/여서'는 제약되어 있다.

'-아/어/여서'和'-(으)니까' 都表示原因, 但'-(으)니까'的后文多用命令句和共动 句, 而'-아/어/여서'不可以使用这两种句式。

[예문] 비가 오니까 우산을 가져가세요. (○)

비가 와서 우산을 가져가세요. (×)

(3) 연결어미 '-아/어/여서', '-(으)니까, '-고'는 한국어능력시험 여러 회에 걸쳐 출제된 바 있는데 출제형식은 주로 순차적 관계를 나타내는 '-고'와 '-아/어/여서'의 구별, 인과관계를 나타내는 '-아/어/여서'와 '-(으)니까'의 구별이다.

连接词尾 '-아/어/여서', '-(으)니까, '-고' 在历届韩国语能力考试中出现过多次, 主要 考核内容为区分表顺序关系词尾'-고'和'-아/어/여서'的题型, 区分因果关系词尾'- 아/어/여서'和'-(으)니까'的题型。

[1-4] (   )에 알맞은 것을 고르시오.

[1]

> 가: 영미 씨, 어제 왜 친구모임에 안 갔어요?
> 나: 감기에 (   ) 못 갔어요.

① 걸리고　　　　　② 걸리지만
③ 걸려서　　　　　④ 걸리면

[2]

> 가: 같이 영화 볼까요?
> 나: 네, 좋아요. 시네마 극장에 (   ) 영화 봐요.

① 가고　　　　　② 가니까
③ 가려고　　　　④ 가서

[3]

> 가: 언니가 있어요?
> 나: 언니는 (   ) 동생은 있어요.

① 없고　　　　　② 없어서
③ 없으니까　　　④ 없으면

[4]

> 가: 오늘 출발하겠습니다.
> 나: 오늘은 날씨가 안 (   ) 내일 가세요.

① 좋고　　　　　② 좋아서
③ 좋으면　　　　④ 좋으니까

설명 　문제[1]의 지문에 '왜'라는 의문사가 있기에 원인에 관한 질문으로 답은 원인관계의 어미를 사용한 ③이 정답이다.

　문제[2]는 '극장에 가다'와 '영화를 보다' 두 동작의 순차적인 의미를 나타내지만 후행문이 목적성을 띠고 있어 단순 순차를 나타내는 '-고'는 정답이 될 수 없다. 정답은 ④이다.

　문제[3]은 단순 사실을 열거하는 문제로서 정답은 ①이다.

　문제[4]와 같은 경우에는 선행문과 후행문이 인과관계를 나타내고 또한 종결형이 명령형이므로 정답은 ④이다.

说明 　题[1]中问句里使用了表示原因的疑问词'왜'，故答案为使用原因关系词尾的选项③。

　题[2]提示了两个动作'극장에 가다'和'영화를 보다'的顺序，后一分句带有目的性，故表示单纯顺序的'-고'不是答案，而正确答案为④。

　题[3]为单纯列举某种事实，故正确答案为①。

　题[4]给出的句子前后句为因果关系而且句子的终结形为命令形，故正确答案为④。

위에서 언급한 순차적 관계를 나타내는 연결어미 외에 또 초급단계에서 다루어야 할 연결어미'-자(마자)'가 있다. 비록 시험에서는 출제된 바 없으나 향후 시험에서 나타날 가능성이 있어 아래에서 제시한다.

　　除了上面提到的表示顺序关系的词尾以外，还有在初级阶段必须掌握的连接词尾 '-자(마자)'。此词尾虽未在历届考试中出现，但有可能在以后考试中出题，故在下面 举例说明。

'-자(마자)'　　뒤의 동작이 시간적으로 앞선 동작에 바로 잇달아 계속됨을 나타낸 다. 습관적으로 '-자마자'로도 쓰인다.

表示前一个动作结束后马上发生后一个动作，有时也用'-자마자' 这种形式。

[예문] 부산에 도착하자마자 친구에게 전화하겠습니다.
　　　　배가 고파서 집에 오자마자 저녁을 먹었습니다.
　　　　친구가 집을 사자 집값이 오른 거예요.

목적관계를 나타내는 연결어미 '-(으)러', '-(으)려고'
(表示目的关系的连接词尾'-(으)러', '-(으)려고')

'-(으)러'　　동사 어간 뒤에 붙어 의도나 목적을 나타내며 일반적으로 뒤에 '오다, 가다, 나오다, 나가다' 등 방향을 나타내는 동사와 결합해 쓴다.

与动词词干相连，后文的谓语由'오다, 가다, 나오다, 나가다'等表示 趋向的动词来充当。

[예문] 여기에 누구를 만나러 왔어요?
　　　　공부하러 도서관에 갔어요.
　　　　쇼핑하러 나왔다.

'-(으)려고'   동사 어간 뒤에 붙여 의도나 목적을 표현하는데 후행문의 술어도
역시 동사로 제약되어 있으며 선후행문의 주어가 일치해야 한다.
단, 후행문의 술어가 되는 동사는 광범위적인데 '-하다'가 붙는 경우
즉 '-(으)려고 하다'를 관용문형으로 보는 경우도 있다.

与动词词干相连表达意图或目的，后文的谓语只能由动词来充
当，而且要保持前后文主语一致。后文的谓语动词的种类不限，
如词尾后接'-하다'即'-(으)려고   하다'，我们可以视为一个惯用句
型。相当于汉语的'为了…而…'。

[예문] 한국말을 <u>배우려고</u> 한국어학당에 다닙니다.
부모님께 <u>드리려고</u> 선물을 샀습니다.
이번 방학에 <u>여행하려고 합니다.</u>
돈이 생기면 친구들한테 한턱을 <u>내려고 합니다.</u>

보충설명 补充说明

(1) 이상과 같이 설명한 두 가지 어미는 선행문에 시제어미를 사용하지 못한다.
以上三个词尾都不能与时制词尾连用。

[예문] 공부했<u>으러</u> 도서관에 갔다. (×)
공부했<u>으려고</u> 도서관에 갔다. (×)

(2) '-(으)러'의 후행문에 부정형식이 제약되어 있는 반면에 다른 두 가지 어미는 이런 제약이
없다.
'-(으)러'的后文不可以跟否定形式，但其他两个词尾可以。

[예문] 수업이 끝난 후에 공부하<u>려고</u> 집에 안 갔다. (○)
수업이 끝난 후에 공부<u>하러</u> 집에 안 갔다. (×)

(3) '-(으)려고'의 후행문에 명령문, 청유문이 제약되어 있다.
'-(으)려고'的后文不可以出现命令句、共动句式。

[예문] 새 구두를 사<u>러</u> 백화점에 가자. (○)
새 구두를 사<u>려고</u> 백화점에 가자. (×)

[1] (   )에 알맞은 것을 고르시오.

> 가: 도서관에 가요?
>
> 나: 네, 책을 (   ) 가요.

① 빌려서　　　　　② 빌리면
③ 빌리고　　　　　④ 빌리러

[2] (   )에 알맞은 것을 고르시오.

> 가: 옷이 너무 예뻐요.
>
> 나: 여자친구한테 (   ) 샀어요.

① 주는데　　　　　② 주려고
③ 주면　　　　　　④ 주러

[3] (   )에 알맞은 것을 고르시오.

> 가: 수민 씨, 식사 안 하세요?
>
> 나: 네, 살을 좀 (   ) 밥 안 먹어요.

① 빼지만　　　　　② 빼려고
③ 빼면서　　　　　④ 빼고

설명　목적관계를 나타내는 연결어미는 기존 한국어능력시험에서 여러 차례 출제된 바 있는데 특히 '-(으)려고' 형식이 많이 출제되었다.

문제[1]에서 도서관에 가는 목적이 책을 빌리러 가는 것이고, 대응되는 서술어가 이동성을 나타내는 동사 '가다' 이므로 정답은 ④이다.

문제[2]에서는 주어의 목적이 아닌 의도를 나타내는 문장으로 정답은 ②이다.

문제[3]에서 살을 빼기 위해 밥을 먹지 않는 것으로, 서술어가 부정형으로 쓰였기에 정답은 ②이다.

说明　表示目的关系的连接词尾在历届韩国语能力考试中出现过多次，其中'-(으)려고'的出题频率更高一些。

题[1]中提示去图书馆的目的为借书，而且与之呼应的谓语动词为移动性动词'가다'，故正确答案为④。

题[2]表示主语的意图而不是目的，故正确答案为②。

题[3]中提示为了减肥而不吃饭，且谓语为否定形式，故正确答案为②。

대립적 관계와 설명적 관계를 나타내는 연결어미 '-지만', '-(으)ㄴ/는데'
(表示对立关系和说明关系的连接词尾'-지만', '-(으)ㄴ/는데')

'-지만' 선행문과 후행문의 내용이 대립되는 것을 표현할 때 쓰인다.

表示前后文内容相反。

[예문] 여름은 덥지만 겨울은 추워요.

나는 짠 음식을 좋아하지만 친구는 단 음식을 좋아합니다.

'-ㄴ/은/는데' 후행문의 내용이 선행문의 내용에 대한 약한 대립을 표현한다. 동사 어간에 '-는데'를 붙이고 형용사 어간에 '-(으)ㄴ데' 를 붙인다.

表示前后文内容的转折，但语气较弱。在动词后用'-는데'，形容词后根据开、闭音节使用'-(으)ㄴ데'。

[예문] 말을 알아 듣는데 쓸 수 없어요.

얼굴은 예쁜데 성격은 안 좋아요.

눈이 오는데 날씨가 안 추워요.

계속 치료를 하는데 감기가 낫지 않아요.

날씨가 좋은데 기분이 별로예요.

'-ㄴ/은/는데'는 앞에 언급했던 두 대립관계의 어미보다 약한 대립관계를 나타내고 있고 습관적으로 회화체에서 가장 많이 쓰이는 대립관계의 어미이다. 그 밖에 설명관계의 어미로도 많이 쓰이는데, 후행문의 내용을 끌어내기 위하여 직접적으로나 간접적으로 관련될 만한 상황을 설명할 때 쓰인다.

与之前的两个转折关系词尾相比，'-ㄴ/은/는데'的语气相对较弱，但在口语中人们多习惯使用这个词尾来表示转折关系。另外，它还有提示和说明的作用。为了引起后文的话题，在前文中给出直接或间接的根据或说明。

[예문] 비가 오는데 우산이 있습니까?

제가 책을 읽고 있는데 좀 조용히 해 주세요.

그 사람은 잘 생겼는데 왜 싫어합니까?

[1] (　　)에 알맞은 것을 고르시오.

> 가: 이 옷 어때요?
> 나: (　　　　) 좀 비싸네요.

① 예쁘지만　　　　② 예쁘면
③ 예뻐서　　　　④ 예쁘니까

[2] (　　)에 <u>들어갈 수 없는</u> 것을 고르십시오.

> 전자사전을 (　　　　) 돈이 없어서 못 사요.

① 사고 싶고　　　　② 사고 싶지만
③ 사고 싶은데　　　　④ 사고 싶기는 하지만

[3] (　　)에 알맞은 것을 고르시오.

> 가: 이 영화 재미있어요?
> 나: 네, 어제 친구와 같이 (　　　) 정말 재미있었어요.

① 봐서　　　　② 봤으면
③ 봤는데　　　　④ 봤지만

설명　문제[1]에서는 옷의 '예쁘다'와 '비싸다'가 단순 대조를 나타내기에 답을 쉽게 찾을 수 있다. 정답은 ①이다.

문제[2]에서도 역시 마찬가지로 '전자사전을 사고 싶다'는 마음과 '돈이 없다'는 현실이 대조를 이루기 때문에 연결어미 '-지만'이나' -(으)ㄴ데'가 들어간 선택 항은 맞는 표현으로 이 문제의 정답은 ①이다.

문제[3]에서는 '영화가 재미있다'를 설명하기 위해 '어제 친구와 봤다'는 사실을 들어 후행문에 보충역할을 한다. 정답은 ③이다.

说明　题[1]中已经提示衣服'예쁘다'和'비싸다'形成对比，故不难找出答案①。

题[2]也同样'전자사전을 사고 싶다'的心情和'돈이 없다'事实形成对比，使用连接词尾'-지만'或'-(으)ㄴ데'的选项均为正确的表达方式，故此题答案为①。

题[3]为了说明'영화가 재미있다'前句引出了'어제 친구와 봤다'的事实并对后一分句起到了补充说明作用，故正确答案为③。

조건적 관계를 나타내는 연결어미 '-(으)면', '-어/아/여'
(表示条件关系的连接词尾'-(으)면', '-어/아/여')

'-(으)면'

1) 가정의 뜻으로, 후행문의 동작이나 상태가 이루어지기 위한 전제 조건을 나타낸다.

表示假设，前句是实现后一分句动作或状态的前提条件。

[예문] 비가 오면 학교에 가지 않아요.

방학하면 고향에 갈 거예요.

그 옷이 마음에 들면 선물로 드릴게요.

2) '-(으)면' 뒤에 '좋다'나 '하다' 동사를 써서 문장 주어의 희망을 나타내고, 어미 '-았/었/였'이 쓰이면 강조의 뜻이 있다.

'-(으)면'后接'좋다'或'하다'表示主语的愿望，'-(으)면'前接词尾'-았/었/였'起强调作用。

[예문] 내일은 학교 가지 말고 집에 있었으면 좋겠어요.

눈이 왔으면 좋겠어요.

그가 먼저 나에게 연락을 주었으면 합니다.

돈이 많으면 좋겠어요.

'-어/아여야'

(1) 선행문의 내용이 반드시 전제되어야 후행문의 결과가 이루어짐을 나타낸다. '이다', '아니다'인 경우에는 '(이)라야'로 많이 쓰인다.

表示只有具备前文的条件或在前文的前提下，才能实现后文的结果。与'이다', '아니다'连用时形式为'(이)라야'。

예문) 겨울이 돼야 눈을 구경할 수 있다.

얼굴이 예뻐야 배우를 할 수 있다.

사람은 지내 봐야 알 수 있습니다.

경험이 많은 사람이라야 그 문제를 해결할 수 있다.

(2) '-아/어/여'에 '-만'을 붙여 강조의 뜻을 나타낸다.

'-아/어/여'后接'-만'表示强调。

예문) 공부를 잘 해야만 명문대학교에 붙을 수 있어요.

돈이 있어야만 친구를 사귈 수 있나요?

그 사람이라야만 해결할 수 있는 문제입니다.

(3) '아/어/여야 하다(되다)': 당연히 해야 하는 의무나 반드시 필요한 조건을 나타낸다.

以'아/어/여야 하다(되다)'的形式出现，表示无条件必须完成的义务 或必备的条件。

예문) 사람은 마음이 착해야 합니다.

하루에 여덟 시간은 일해야 됩니다.

외국에 가려면 여권을 받아야 합니다.

[1] (   )에 알맞은 것을 고르시오.

> 가: 부산에 계시는 부모님이 보고 싶겠어요.
> 나: 네, 부모님이 빨리 서울로 (   )

① 오실 것 같아요
② 오시기로 했어요
③ 오시면 좋겠어요
④ 오셔도 돼요

[2] (   )에 알맞은 것을 고르시오.

> 가: 죄송합니다. 이 일을 내일 해도 됩니까?
> 나: 아니오, 오늘 꼭 (   )

① 해도 됩니다
② 하면 됩니다
③ 해야 합니다.
④ 하려고 합니다.

설명 　조건관계의 연결어미는 많이 출제된 편은 아니지만 그 용법을 잘 알아야만 향후 시험에 대처할 수 있을 것이다.

　문제[1]의 지문 '가'에서 부모님이 보고 싶다는 화자의 심정을 암시하고 '나'에서 부모님을 빨리 만나고 싶다는 화자의 희망을 나타내므로 답을 쉽게 찾을 수 있다. 정답은 ③이다.

　문제[2]의 경우 지문 '가'에서 '-어도 되다'의 문형이 쓰여 상대방의 의향을 묻는 것으로 답은 긍정 혹은 부정이 되어야 한다. 또한 지문 '나'에 '아니오', '꼭' 이란 표현이 있으므로 정답은 ③이다.

说明　表示条件关系的连接词尾出题频率不是很多，但也应该掌握其用法才能解此类题。

　题[1]中'가'暗示了想念父母的心情，而'나'表示说话者想尽快见到父母的愿望，故不难找出正确答案③。

　题[2]中'가'采用了'-어도 되다'句型问询对方的意见，回答应该是肯定或否定。而在'나'中出现了'아니오'和'꼭'，故答案为③。

양보적 관계를 나타내는 연결어미 '-아/어/여도'

(表示让步关系的连接词尾'-아/어/여도')

가정이나 양보의 뜻을 나타내는 연결어미이다.

表示假设或让步的连接词尾。

(1) 선행문의 사실은 인정하지만, 후행문과는 관계가 없음을 나타낸다. 부사 '아무리'와 같이 쓰여, 뜻을 더욱 분명하게 나타내기도 한다.

表示即使出现前文的情况也对后文没有任何影响，通常和副词'아무리'连用。相当于汉语中的'即使……也……'。

[예문] 내일 비가 와도 소풍을 가겠습니다.

아무리 크게 불러도 그 사람은 대답하지 않았어요.

배가 고파도 혼자 다 먹을 수는 없지요.

(2) 뒤에 '좋다, 괜찮다, 되다'등과 결합되어 선행문의 내용을 허용하거나 상대방의 의향을 묻는 뜻이 있다.

后文与'좋다, 괜찮다, 되다'等单词连用表示对前文内容的许可，后文如果是疑问句就表示就前文的内容询问对方的意见。

[예문] 지금 집에 가도 좋습니다.

서울역에 가려면 이 버스를 타도 됩니다.

좀 매워도 괜찮아요?

의문문에 쓰여 상대의 허락을 구하는 경우에는 그에 대한 대답을 다음과 같이 해야 한다.

用在疑问句里表示请求对方许可时，回答的形式应如下：

예문 좀 매워도 괜찮아요?
　　　네, 매워도 괜찮아요.　　　　　(긍정, 肯定)
　　　아니오, 매우면 안 돼요.　　　　(부정, 否定)

　　　내일 아침에 늦게 일어나도 됩니까?
　　　네, 늦게 일어나도 됩니다.　　　(긍정, 肯定)
　　　아니오, 늦게 일어나면 안 돼요.　　(부정, 否定)

방식적 관계를 나타내는 연결어미 '-(으)면서'
(表示方式关系的连接词尾'-(으)면서')

　어떤 두 가지의 동작이나 상태가 동시에 일어나거나 동작이 순간적으로 계속하여 일어남을 나타낸다. 선행문과 후행문의 주어가 동일해야 한다.
　表示两个动作同时进行。前后文的主语须保持一致。

예문 그 아이는 큰 소리를 지르면서 울었어요.
　　　식사하면서 재미있는 이야기를 했습니다.
　　　주인은 웃으면서 손님을 맞아주었습니다.

[1] ( )에 알맞은 것을 고르시오.

> 가: 실례합니다만, 여기서 담배 ( ) 돼요?
> 나: 아니오, 여기서 담배를 피우면 안 됩니다.

① 피워도
② 피워야
③ 피우면
④ 피우게

[2] ( )에 알맞은 것을 고르시오.

> 가: 우리 같이 저녁이나 ( ) 이야기할까요?
> 나: 네, 좋아요.

① 먹으려고
② 먹는데
③ 먹으러
④ 먹으면서

설명 양보관계의 연결어미 '-아/어/여도'는 2회에 걸쳐 출제된 적 있는 바, 동사 '좋다, 괜찮다, 되다' 등과 결합되어 선행문의 내용을 허용하거나 상대방의 의향을 묻는 뜻으로 출제되었다.

문제[1]의 지문 '나'에서 '-(으)면 안 되다' 다는 문형을 사용한 것으로 보아 '가'는 상대방의 허락을 구하는 의문문으로 단정할 수 있다. 정답은 ①이다.

문제[2]에서 '저녁을 먹다'와 '이야기하다' 두 동작이 순차적으로 일어날 수도 있고 동시에 일어 날 수도 있는 상황이고 목적이나 설명, 대립의 관계는 아니다. 그러므로 정답은 두 동작이 동시에 이루어지는 ④이다.

说明 表示让步关系的连接词尾'-아/어/여도'在历届考试中出现过两次，均为考核后文与'좋다, 괜찮다, 되다'等词汇连用表示对前文内容的许可或询问对方意见的用法。

题[1]中'나'用了'-(으)면 안 되다'的句型，由此可以断定'가'句应该是想要征求对方同意的疑问句，故答案为①。

题[2]中'저녁을 먹다'和'이야기하다'两个动作可以依次进行，也可以同时进行，并不是目的或说明、对立关系，故正确答案为表示两个动作同时进行的④。

2. 부사형 어미 '-게' (副词形词尾 '-게')

(1) 목적의 의미를 나타낸다.
　　表示目的。

　　　　[예문] 사고가 나지 않게 조심해야 한다.
　　　　　　　자는 사람이 깨지 않게 조용히 해 주세요.

(2) 상태나 정도를 나타낸다. 보통 형용사나 동사 어간 뒤에 붙여 부사형이 된다.
　　表示状态或程度。该词尾接在动词或形容词之后在句子中起副词作用。

　　　　[예문] 방을 예쁘게 꾸미었다.
　　　　　　　그 사람은 항상 친절하게 해준다.

[1] ( )에 알맞은 것을 고르시오.

> 이 선생님께 물어보면 언제나 ( ) 가르쳐 주세요.

① 친절한   ② 친절하면
③ 친절해서   ④ 친절하게

[2] 다음 글을 읽고 ( )에 알맞게 쓰시오.

> 요즘 남자들의 헤어 스타일이 여자처럼 여러 가지가
> 있어요. 머리를 (길다) 기른 사람, 파마한 사람,
> 여러 가지색상으로 염색한 사람들이 많이 보여요.

(   )

설명 문제[1]에서는 이 선생님이 가르쳐 줄 때의 태도를 표현한 것으로 상태를 묘사하는 ④가 정답이다.

문제[2]는 주관식 문제로서 머리를 기른 모양을 표현하는 말로 정답은 (길게)를 쓰면 된다.

说明 题[1]描述李老师教学生时的态度如何，故表示状态的④为正确答案。

题[2]为主观题，描述留长头发的样子，即状态，故正确答案为(길게)。

3. 관형형어미 '-(으)ㄴ/(으)ㄹ/는 (规定词尾(冠型形词尾))

어미의 하나로 동사나 형용사의 어간에 붙어 명사를 수식하는 기능을 한다. 관형사형
어미는 시제를 나타내는 기능도 아울러 지니고 있으며 품사에 따라 달리 나타난다.
接在动词或形容词词干后修饰名词，且根据词性有时也起到时制词尾的作用。

구분	동사	형용사	있다/없다	이다
현재(혹은 지속)	-는	-(으)ㄴ	-는	-ㄴ
과거(혹은 완료)	-(으)ㄴ	-았/었였던	-었던	-었던
미래(혹은 추측)	-(으)ㄹ	-(으)ㄹ	-을	-ㄹ

* 회상을 나타내는 관형형 어미 '-던' 은 중급에서 자세히 다루도록 한다.
　表示回想的词尾'-던'在此书的中级部分具体说明。

'-는' 　　　　동사 뒤에 쓰이며, 동작이 어느 시점에서 지속적인 상태에 있음을
　　　　　　　뜻한다.

　　　　　　　接在动词后，表示动作在某个时间段上保持持续的状态。

　　　　　　　예문 비가 <u>오는</u> 날에는 집으로 일찍 돌아가요.
　　　　　　　　　지금 교실에 <u>있는</u> 학생들이 몇 명이나 되요?
　　　　　　　　　한국말을 <u>배우는</u> 사람이 점점 많아지고 있습니다.

'-(으)ㄴ' 　　　동사 뒤에 붙어 어느 때 이전에 끝났음을 나타내고, 형용사나 '-이다'
　　　　　　　에 붙어 현재의 상태나 사실을 나타낸다.

　　　　　　　接在动词后表示在某一时刻前已经结束的动作，接在形容词或'-
　　　　　　　이다'后表示现在的状态或事实。

[예문] 어제 쓴 편지는 이미 부쳤어요.

반장인 광서는 공부를 열심히 합니다.

흰 눈이 내려서 대지가 정말 아름답습니다.

'-(으)ㄹ'   아직 실현되지 않은 일을 나타낸다.

表示尚未发生的事情。

[예문] 내일 도서관에 갈 학생이 몇 명이나 돼요?

그는 겨울에 <u>입을</u> 옷도 없어요.

중국에 유학 갈 돈을 마련하고 있어요.

관형형 어미는 기타 어미에 비해 출제비율이 현저히 높다. 매회 한국어능력시험에 꼭 출제되었고 출제형식은 다음과 같다.

规定词尾（冠型形词尾）出题率明显高于其他词尾，在每届韩国语能力考试中都会出现，其出题形式如下。

[1] 밑줄 친 부분이 **틀린** 것을 고르시오.

① 어제 <u>보는</u> 영화는 재미있었습니다.

② 저는 마음이 <u>착한</u> 여자를 좋아해요

③ 저기 흰 옷을 <u>입은</u> 사람이 제 동생이에요.

④ 이 **빵**은 제가 조금 전에 <u>만든</u> 것입니다.

[2] (   )에 알맞은 것을 고르시오.

> 지금 교실에서 책을 (   ) 사람이 누구입니까?

① 읽고   ② 읽은

③ 읽을   ④ 읽는

[3] (   )에 알맞은 것을 고르시오.

> 가: 저분이 누구예요?
> 나: 누구요?
> 가: 분홍색 치마를 (   ) 분이요.
> 나: 아, 저분은 제 직장 동료예요.

① 입는   ② 입어

③ 입은   ④ 입을

설명　문제[1]에서 4개의 선택사항을 분석해 보면 ②에서 형용사 '착하다' 뒤에 관형형 어미가 쓰인 경우로서 '-(으)ㄴ'을 쓰는 것이 맞고, ③에서는 탈착동사 뒤에 '-(으)ㄴ'이 쓰인 경우로서 상태를 나타내며, ④에서 '조금 전'이라는 시간을 제시해 주었기에 이미 완료된 행동을 나타내는 '-(으)ㄴ'이 쓰인다. ①에서도 역시 마찬가지로 '어제'라는 단어가 명시되었기에 어미'-(으)ㄴ'을 써야 하지만 지문에서는 현재 진행중인 상태를 나타내는 '-는'을 썼기에 틀린 문장이다. 정답은 ①이다.

문제[2]는 '지금'이라는 시간이 주어져 있으므로 현재 동작이 지속됨을 나타내는 것으로 정답은 ④이다.

문제[3] 역시 탈착동사를 사용한 문제로 의상착용상태를 나타내는 ③이 정답이다.

说明　题[1]的第二个选项中出现了形容词'착하다'，其后接了规定词尾'-(으)ㄴ'表示状态，第三个选项为穿着动词后接了词尾'-(으)ㄴ'表示穿着状态，第四个选项里已提示了'조금　전'的时间，故动词后接'-(으)ㄴ'表示结束的动作。而第一个选项里已经提示了'어제'的时间，但用了表示现在发生的动作或动作持续的'-는'前后互相矛盾，故答案为①。

题[2]同样提示了'지금'时间，表示现在动作正在持续，故正确答案为④。

题[3]用了穿着动词，表示人的衣着状态，故正确答案为③。

[1-3] (   )에 알맞은 것을 고르시오.

[1] 가: 영미 씨는 어떤 회사에 취직하고 싶어요?

　　나: 월급이 (　　　) 저한테 맞는 직장을 구하고 싶어요.

　　① 적고　　　　　　　② 적어도

　　③ 적어서　　　　　　④ 적으면

[2] 가: 빵집에 가요?

　　나: 네, 빵을 (　　) 가요.

　　① 사서　　　　　　　② 사면

　　③ 사러　　　　　　　④ 사고

[3] 가: 영민 씨가 어디에 있는지 아세요?

　　나: 아니오, 수영 씨한테 (　　　) 물어 보세요.

　　① 전화하면　　　　　② 전화하지만

　　③ 전화하려고　　　　④ 전화해서

[4-6] 다음 문장을 읽고 밑줄 친 부분이 <u>틀린 것</u>을 고르시오.

[4]　① 소포는 우체국에 <u>가고</u> 부치세요.

　　② 오른쪽으로 <u>가면</u> 약국이 있을 거예요.

　　③ 어제 공원에 <u>갔는데</u> 재미없었어요.

　　④ 방학 때 중국에 <u>가려고</u> 비행기 표를 사 놓았어요.

[5]　① 11번 버스를 <u>타려고</u> 10분이나 기다렸어요.

　　　② 기차를 <u>타면</u> 비행기보다 빨라요.

　　　③ 스키를 <u>타서</u> 스키장에 갔어요.

　　　④ 오랜만에 스케이트를 <u>타니까</u> 재미있어요.

[6]　① 비가 <u>오는데</u> 어디 가세요?

　　　② 선생님께서 <u>오셔서</u> 조용히 하세요.

　　　③ 우리 집에 <u>오면</u> 맛있는 거 많이 해 드릴게요.

　　　④ 겨울이 <u>다가오지만</u> 날씨가 그리 춥지 않네요.

[7-10] 다음 문장을 읽고 물음에 답하시오.

가: 뭘 드시겠어요?

나: 감자탕을 (　　㉠　　) 안 맵게 해주세요

가: 네, 그럼 안 매운 맛으로 해드릴게요.

나: 식사가 좀 빨리 (　　㉡　　) 좋겠네요.

---

[7]　㉠에 알맞은 것을 고르시오.

　　　① 먹고 싶지만　　　　② 먹고 싶은데

　　　③ 먹고 싶어서　　　　④ 먹고 싶으면

[8] ⓛ에 알맞은 것을 고르시오

    ① 나오면   ② 나오려고
    ③ 나와서   ④ 나오지만

    우리 학교의 이름은 창신대학입니다. 한국의 남쪽 도시인 마산에 (㉠) 겨울에도 춥지 않습니다. 그리고 부산과 아주 가깝습니다. 캠퍼스는 아주 (㉡) 깨끗합니다. 교수님들도 친절합니다. 대학생활이 참 재미있습니다.

[9] ㉠에 알맞은 것을 고르시오.

    ① 있지만   ② 있으면
    ③ 있고   ④ 있어서

[10] ㉡에 알맞은 것을 고르시오.

    ① 아름답고   ② 아름다우니까
    ③ 아름다워도   ④ 아름답지만

관용문형
(惯用句型)

1. 문형설명(句型说明)

　　초급에서 다루어야 할 관용문형은 그리 많은 편이 아니고 13개 정도만 한국어능력시험에 출제된바 있어 이러한 관용문형을 연결어미 기준으로 분류하여 설명을 하겠다.

　　在初级阶段要掌握的惯用句型不是很多，而且在韩国语能力考试中出现过13个左右，下面将这些惯用句型分类说明。

1) '- 고 있다', '- 고 싶다'

'-고 있다'　　어떤 동작이 진행 중이거나 동작의 결과가 지속됨을 나타낸다.
表示某个动作正在进行或动作的结果持续着。

예문 그는 열심히 공부하고 있어요.
아이들은 공원에서 놀고 있어요.
영민이는 양복을 입고 있어요.
모자를 쓰고 있으면 덥지 않으세요?

| '- 고 싶다' | 화자의 희망을 나타내는 표현으로, 서술문에서는 1인칭, 의문문에 서는 2인칭이 주어가 된다. 3인칭 주어에는 '-고 싶어하다'를 쓴다. |

표示说话者的愿望，用于主语为第一人称的句子或主语为第二人称的疑问句里。主语为第三人称时将其改为'-고 싶어하다'。

예문 나는 한국에 가서 공부하고 <u>싶어.</u>

너 뭘 먹고 <u>싶니?</u>

친구는 주말에 영화 보러 가고 <u>싶어해요.</u>

[1] (　　)에 알맞은 것을 고르시오.

> 가: 실례합니다만, 서인 씨 있습니까?
>
> 나: 아니오, 지금 (　　　　). 나중에 다시 오세요.

① 회의하고 있어요
② 회의할 거예요
③ 회의해 보았어요
④ 회의하고 싶어요

[2] (　　)에 알맞은 것을 고르시오.

> 가: 주말에 뭐 할 거예요?
>
> 나: 날씨가 좋으면 (　　　　)

① 등산하고 있어요
② 등산해 보세요
③ 등산하고 싶어요
④ 등산해 봤어요

설명 문제[1]에서 '지금'이라는 시간 명사가 제시되어 있기에 종결형이 현재형이어야 한다. 또한 '서인 씨'의 현재 진행중인 상황을 설명하고 있기에 정답을 쉽게 찾을 수 있다. 정답은 ①이다.

문제[2]에서 청자의 계획에 대해 물어보았기에 그 대답으로 청자의 희망이나 의사나 계획을 말해야 한다. 정답은 ③이다.

说明 题[1]里已提示了时间名词'지금'，故该句子的终结形应为现在时。而且描述了'서인 씨'的现在状况，所以不难找出答案，答案为①。

题[2]为询问听者的计划，故回答内容应该是听者的意愿或计划。答案为③。

'아/어/여 주다'　　다른 사람을 위해 어떤 행동을 하는 것을 나타내는데 높임표현으로
'-아/어/여 드리다'를 쓴다.

表示为别人做某事，其尊敬形式为'-아/어/여 드리다'

[예문] 문 좀 열어 주세요.
뭘 도와 드릴까요?
시장에 가서 과일 좀 사 주세요.

'-아/어/여 보다'　　시도의 뜻을 나타낸다.

表示试图。

[예문] 이 옷을 한 번 입어 보세요.
이 음식 정말 맛있는데 드셔 보세요.
이 문장을 읽어 보세요.

'아/어/여지다'　　형용사에 붙어 상태가 조금씩 변화함을 나타낸다.

接在形容词后，表示状态逐渐变化。

[예문] 요즘 날씨가 점점 따뜻해집니다.
공부를 열심히 하면 성적이 좋아질 겁니다.

[1] (　　)에 알맞은 것을 고르시오.

> 가: 한국에서 여행을 했어요?
>
> 나: 네, 작년에 서울하고 제주도에 (　　　).

① 가고 싶어요

② 가면 좋겠어요

③ 가 봤어요

④ 가지 않아요

[2] (　　)에 알맞은 것을 고르시오.

> 가: 약국에 가면 감기약 좀 (　　　).
>
> 나: 감기 걸렸어요?

① 사 주고 있어요

② 사 주세요

③ 사 보았어요

④ 사기로 해요

설명　문제[1]은 여행의 경험유무를 물어보는 문제로서 답은 과거형이 되어야 하므로 정답은 ③이다.

문제[2]는 감기에 걸렸다는 제시문이 있어 타인에게 약을 부탁하는 상황이다. 정답은 ②이다.

说明　题[1]询问在韩国有无旅游经验, 回答应该使用过去时, 故只能选择③。

题[2]已经提示了感冒, 而且是托别人买药的情景, 故答案为②。

3) '- 기 전에', '- 기 위하여', '- 기로 하다'

'- 기 전에'

어떤 행동이나 상태가 뒤에 오는 사실보다 앞섬을 나타낸다.

表示前句的动作或状态先于后句的内容。

(예문) 식사하기 전에 손을 씻어야 합니다.
날이 밝기 전에 출발합시다.
선생님이 오시기 전에 숙제를 다 해야 합니다.

'- 기 위하여'

행동의 목적을 나타내는 표현으로 '-기 위해서'의 형식으로도
쓰인다.

表示行为的目的，也可用'-기 위해서'形式。

(예문) 한국말을 배우기 위하여 한국에 가요.
대학에 가기 위하여 열심히 공부해요.
차를 사기 위해서 돈을 모아요.

'-기로 하다'

그러할 것을 약속하거나 결정함을 나타낸다. '-기로 약속하다', '-기
로 결심하다'는 표현도 자주 쓰인다.

表示约定，类似句型还有'-기로 약속하다', '-기로 결심하다'。

(예문) 내일 친구와 등산가기로 했어요.
그럼 다음에 만나기로 합시다.
우리는 이제부터 담배를 안 피우기로 약속했어요.

[1] (   )에 알맞은 것을 고르시오.

> 제 꿈은 음악가가 되는 것입니다. 그래서 요즘 음악학원에서 열심히 공부하고 있습니다. 앞으로 음악가가 (   ) 더욱 노력할 것입니다. 최선을 다해 훌륭한 음악가가 되고 싶습니다.

① 되려고 해도
② 될 때
③ 되기 위하여
④ 되기 때문에

[2] (   )에 알맞은 것을 고르시오.

> 가: 영민 씨, 내일 친구와 어디에서 만나요?
> 나: 학교 앞 커피숍에서 (   ).

① 만나기로 했어요
② 만나야 했어요
③ 만나고 주세요
④ 만나면 좋겠어요

설명　문제[1]의 선행문에서 '꿈이 음악가가 되는 것이다'라고 했기에 후행문에서 나오는 '열심히 노력하고', '최선을 다하는 것'은 음악가가 될 준비를 하는 것이다. 정답은 ③이다.

　문제[2]는 친구와 이미 약속된 장소를 물어 보는 것으로 정답은 ①이다.

说明　题[1]里前句提示了 '꿈이 음악가가 되는 것이다', 所以后句里出现的 '열심히 노력하고', '최선을 다하는 것'是成为音乐家的准备工作, 故答案为③。

　题[2]为问询与朋友已经约定好的场所, 故答案为①。

<table><tr><td>4)</td><td>'- (으)ㄴ 적이 있다/없다', '- (으)ㄴ 지'</td></tr></table>

'- (으)ㄴ 적이 있다/없다'

경험의 유무를 나타내는 표현으로 '-(으)ㄴ 일이 있다/없다'의 표현
으로도 쓰인다.

表示有经验与否，类似句型还有'-(으)ㄴ 일이 있다/없다'。

예문 작년에 한국에 <u>간 적이 있어요.</u>
　　이 음식은 먹어 <u>본 적이 없어요.</u>
　　그 사람과 같이 영화를 같이 <u>본 일이 있어요.</u>

' (으)ㄴ 지'　어떤 일에 대한 시간의 경과를 나타내는 표현이다.

表示某事经过的时间。

예문 한국에 <u>온 지</u> 벌써 두 달이 지났어요.
　　<u>졸업한 지</u> 몇 년 되었어요?
　　그 책을 <u>본 지</u> 너무 오래서 기억이 잘 안나요.

[1] (   )에 알맞은 것을 고르시오.

> 가: 수민 씨는 한국말을 너무 잘 하시네요. 한국에
>   (   ) 몇 년 되었어요?
> 나: 벌써 5년 지났네요.

① 온
② 오고
③ 온 지
④ 오면

[2] (   )에 알맞은 것을 고르시오.

> 가: 제주도에가 보셨어요?
> 나: 네, 2년 전에 (   ).

① 가 본 적이 없어요
② 가 볼 수 없어요
③ 가 본 일이 있어요
④ 가 볼 수 있어요

설명   문제[1]에서 한국에 온 시간의 경과를 물어보는 문제로서 정답은 ③이다.

문제[2]에서 제주도에 간 경험유무를 묻는 문제로서 정답은 ③이다.

说明   题[1]中间询自来到韩国至现在有多长时间, 故答案为表示时间经过的③。

题[2]中间询是否曾去过济州岛, 故答案为表示经验的③。

| 5) | ‘-(으)ㄹ 때’, ‘-(으)ㄹ 수 있다/없다’ |

‘-(으)ㄹ 때’ 어떤 행위나 상황이 계속되는 동안이나 시간을 나타내는 표현이다.

表示动作发生或状况持续的时间，相当于汉语的‘…的时候’

[예문] 밥을 먹을 때 소리를 내지 마세요.

그가 집에 도착했을 때 아무도 없었다.

기분이 안 좋을 때 음악을 들으면 괜찮아질 거예요.

‘-(으)ㄹ 수가 있다/없다’

어떤 일의 가능여부를 나타낸다.

表示可能性，相当于汉语的‘能/不能’，‘可以/不可以’。

[예문] 너의 말을 믿을 수 없어.

그 일은 제가 할 수 없을 것 같습니다.

돈 좀 빌려 주실 수 있을까요?

[1] (   )에 알맞은 것을 고르시오.

> 가: 주말에 같이 등산이나 할까요?
>
> 나: 미안해요. 선약이 있어서 어려울 것 같네요.
>
> 가: 그럼 다음 주말에는 (   )?
>
> 나: 네, 다음 주말에는 괜찮아요.

① 갈 수 있어요

② 간 적이 있어요

③ 가 봤어요

④ 가지 않아요

[2] (   )에 알맞은 것을 고르시오.

> 가: 이건 언제 찍은 사진이에요?
>
> 나: 제가 고등학교 (   ) 찍은 거예요.

① 갔을 때

② 갈 때

③ 다녔을 때

④ 다닐 때

설명 문제[1]은 약속을 잡는 문제인데, 시간의 가능여부를 묻는 것이다. 선택사항 중 가능의 의미를 가진 관용문형이 하나밖에 없으므로 정답은 ①이다.

문제[2]를 풀려면 우선 '가다'와 '다니다'의 용법을 알아야 한다. 학교에서 공부하거나 회사에 취직하여 일하는 경우 '…에 다니다'라는 표현을 쓴다. 또한 과거형에 '-(으)ㄹ 때'가 이어지면 동작이 일어나는 그 시점에 후행문의 동작이 같이 일어남을 의미한다. 이 문제에서는 고등학교를 다니는 기간 중에 사진을 찍은 것이기에 정답은 ④이다.

说明 题[1]为预约时间的题型，问询在此时间约会可能与否。选项中表示可能性的惯用句型只有一个，故答案为①。

要解题[2]首先要了解'가다'和'다니다'的区别。在某个学校上学或在某个单位工作时用'…에 다니다'句型来表示。动词过去时后接'' 则表示在该动作发生的时刻同时发生后一动作即表示时间点。此题里的照片是在上高中时期照的即表示时间段，故正确答案应为④。

6) '-(으)ㄴ/는/(으)ㄹ 것이다', '-(으)ㄴ/는/(으)ㄹ 것 같다'

'-(으)ㄴ/는/(으)ㄹ 것이다'

선행문의 내용을 한데 묶어서 표현하는 방법으로, 동사 뒤에 쓰여 과거형에는 '-(으)ㄴ 것이다', 현재형에는 '-는 것이다', 미래형에는 '-(으)ㄹ 것이다'를 쓴다. 미래형으로 쓰이는 경우, 주어가 1인칭 혹은 2인칭일 때는 주어 의지를 나타내지만, 3인칭일 경우 또는 이 문형이 형용사 뒤에 쓰일 경우 추측을 나타낸다.

接在动词后表示概括前句内容，过去时为'-(으)ㄴ 것이다'，现在时为'-는 것이다'，将来时为'-(으)ㄹ 것이다'。表示将来时制时，主语为第一人称或第二人称则表示主语的意愿，而主语为第三人称或该词尾接在形容词后表示推测，类似于汉语的'是…的'句型。

예문) 이 사과는 시장에 산 거예요.
이 책은 누가 읽는 것입니까?
그 일은 우리가 해야 할 것입니다.
혜진이가 그 옷을 입으면 참 예쁠 거예요.

'-(으)ㄴ/는/(으)ㄹ 것 같다'

어떤 사실이나 상태에 대한 화자의 강한 추측을 나타낸다. 동사 뒤에 쓰여 과거는 '-(으)ㄴ 것 같다', 현재는 '-는 것 같다', 미래는 '-(으)ㄹ 것 같다'로 쓰인다.

表示说话者对某种事实或状态的推测，过去时为'-(으)ㄴ 것 같다'，现在时为'-는 것 같다'，将来时为'-(으)ㄹ 것 같다'，相当于汉语的'好像…'。

예문) 비가 올 것 같아요.
그 집에 아무도 없는 것 같아요.
영화가 벌써 끝난 것 같습니다.

[1] (   )에 알맞은 것을 고르시오.

> 가: 저녁 드셨어요?
> 나: 아니요, 나중에 (   ).

① 먹었어요
② 먹을 거예요
③ 먹지 않아요
④ 먹지 마세요

[2] (   )에 알맞은 것을 고르시오.

> 가: 오늘 비가 많이 오는데 소풍 갈 수 있을까요?
> 나: 그러게요, 다른 날로 (   ).

① 미룰 수 있어요
② 미룰 줄 알아요
③ 미룬 적이 있어요
④ 미뤄야 할 것 같네요

설명   문제[1]에서 '나중에'라는 단어가 제시되어 있기에 현재형이나 미래형 종결어미가 올 수 있다. 또한 주어가 1인칭이므로 의지를 나타내는 ②가 정답이다.

문제[2]에서 '그러게요'의 문장이 쓰여 있으므로 불확실함을 의미하고 화자의 강한 추측을 나타낸다. 정답은 ④이다.

说明   题[1]中出现了'나중에'一词, 故该句子的终结形为现在时或将来时, 而且主语为第一人称表示意愿, 所以答案为②。

题[2]中出现了'그러게요'句型, 表示不确定, 且暗示着说者的推测, 故正确答案为④。

[1-3] (   )에 알맞은 것을 고르시오.

[1] 가: 저 사람 알아요?

　　나: 네, 전에 한 번 (   ).

　　① 본 적 있어요　　　　　　② 보고 싶어요

　　③ 볼 수 있어요　　　　　　④ 볼 것 같아요

[2] 회사에서 (   ) 비가 내리기 시작했어요.

　　① 출발한 때

　　② 출발할 때

　　③ 출발하는 때

　　④ 출발 때

[3] 훌륭한 요리사가 (   ) 열심히 노력해요.

　　① 되기 때문에

　　② 되기 위하여

　　③ 될 수 있고

　　④ 되는지

[4-8] 밑줄 친 부분과 바꾸어 쓸 수 있는 것을 고르시오.

[4] 오늘 조금 일찍 <u>가도 돼요?</u>

　　① 갈까요?

　　② 갈 수 있어요?

　　③ 간 적 있어요?

　　④ 간 것 같아요?

[5] 수민 씨가 오늘 많이 <u>아픈가 봐요.</u> 학교에도 안 왔어요.

    ① 아플까요?
    ② 아플 거예요.
    ③ 아픈 것 같아요.
    ④ 아플 수 있어요.

[6] 방학에 친구와 같이 <u>여행 가기로 했어요.</u>

    ① 여행 갔어요
    ② 여행 약속을 했어요
    ③ 여행 간 적이 있어요
    ④ 여행 갈 수 있어요

[7] 왕평 씨는 한국에 <u>가 본 적이 있어요?</u>

    ① 가 볼 수 있어요
    ② 갈 수 있어요
    ③ 가 본 일이 있어요
    ④ 가 볼 일이 있어요

[8] 한국어를 <u>배우러</u> 한국에 유학 가요.

    ① 배우기 위하여
    ② 배운 적 있어서
    ③ 배울 줄 알고
    ④ 배우기 때문에

화법
（引语）

1. 직접화법(直接引语)

직접화법이란 인용자가 다른 사람의 말이나 글을 그대로 따옴표 "   "속에 넣어 인용하는 것이다. 그 뒤에 '-라고' 또는 '-하고' 등의 인용조사가 붙고 다음에 서술어가 온다.

所谓直接引语就是把别人说过的话原原本本引用或传达出来，并用引号"   "括起来。引号后接'-라고' ' -하고'等，然后再接谓语。

> 예문 "오늘은 날씨가 흐리겠습니다."라고 말했습니다.
> "언제 부산에 가세요?"하고 물어봤습니다.
> "이번 주말에 여행을 갑시다."하고 제안했어요.

2. 간접화법(间接引语)

인용자가 문장의 종결형식에 따라 '-ㄴ/는다', '-(이)라', '-으/느냐', '-(으)라', '-자' 등을 붙여 인용하는 방법이다. 이 때 따옴표" "는 붙이지 않는다.

转述原话的意思，并根据原句的终结词尾使用'-ㄴ/는다', '-(이)라', '-으/느냐', '-(으)라', '-자'等引用句型，此时不用引号" "。

문장의 종류	용 언	어미형태	간접화법 예문
서술문	동사	-ㄴ/는다고 하다	일기예보에서 비가 온다고 했어요. 친구는 비빔밥을 먹는다고 했어요.
	형용사	-다고 하다	선생님은 요즘 바쁘시다고 하셨어요.
	-이다	-(이)라고 하다	그는 은행직원이라고 했어요. 영수는 제 동생과 친구라고 해요
의문문	동사	-(느)냐고 하다	내일 시내에 가냐고 물어보세요. 음악을 자주 듣느냐고 친구가 물었어요.
	형용사	-(으)냐고 하다	그는 오늘 날씨가 흐리냐고 물었어요. 기분이 좋으냐고 하는 물음에 대답했다.
	-이다	-(이)냐고 하다	친구냐고 물었어요. 그것이 연필이냐고 물어 보세요
명령문	동사	-(으)라고 하다	사장님께서 일찍 쉬라고 하셨어요. 예쁜 옷을 입으라고 말해요
청유문	동사	-자고 하다	내일 공원에 같이 가자고 해요. 책을 같이 읽자고 약속했어요.

[1] 보기와 같이 바꿔 쓰십시오.

> 보기: 영수 씨가 "그 영화가 재미있습니다."라고 했어요.
> → 영수 씨가 그 영화가 (재미있다고) 했어요.

뉴스에서 "내일 여의도로 차가 들어가지 못합니다."라고 했어요.
→ 뉴스에서 내일 여의도로 차가 들어가지 (　　　) 했어요.

[2] 밑줄 친 부분과 바꾸어 쓸 수 있는 것을 고르십시오.

> 오늘은 친구와 부산에 가는 날입니다. 아침에 늦게 일어나서 약속 시간에 늦을 것 같았습니다. 그래서 친구에게 전화를 걸었습니다. 친구는 "조금 늦어도 괜찮아요."라고 말했습니다.

① 조금 늦어도 괜찮다고
② 조금 늦어도 괜찮으냐고
③ 조금 늦어도 괜찮자고
④ 조금 늦어도 괜찮으라고

설명 화법에 관한 문제는 한국어능력시험 3회, 4회, 5회에서 출제된 바 있으나, 이후 시험에서는 출제된 적이 없다. 또한 문제들이 모두 간접화법의 용법이해를 토대로 출제한 것을 감안하면 초급단계의 화법에서는 어미의 형태만 정확히 구분할 줄 알면 될 것이다.

문제[1]에서는 우선 주어진 직접화법의 서술어 및 종결어미가 어떤 유형인지 알아야 한다. 서술어 '못하다'는 개음절 동사이고, 문장종결형태는 서술형이므로 정답은 (못한다고)이다.

문제[2]도 마찬가지로 우선 주어진 직접화법의 서술어 및 종결어미의 유형을 판단해야 한다. 서술어 '괜찮다'는 폐음절 형용사이지만 제시된 문장이 서술문이므로 정답은 ①이다.

（说明） 有关引语的题型只在第三、四、五届韩国语能力考试中出现过，此后的考试中未曾出现。而且试题均为考核间接引语的题型，故初级阶段学习者掌握引语词尾形态变化即可。

要解题[1]，首先要了解直接引语中的谓语特征及终结词尾。在原句中，谓语为开音节动词'못하다'，句子的终结形为陈述形，故正确答案为(못한다고)。

题[2]也同样首先要了解直接引语中的谓语及终结词尾。此句谓语为闭音节形容词'괜찮다'，终结形为陈述形，故答案为①。

[1-2] 다음 문장을 보기와 같이 바꿔 쓰시오.

> 보기: 저 분이 "아침마다 운동을 하십니까?"하고 물었습니다.
> → 저 분이 아침마다 운동하냐고 물었습니다.

[1] 장요 씨가 저에게 "빨리 오십시오."라고 말했습니다.

→

[2] 친구가 "내일 우리 같이 영화 보러 갑시다."라고 했어요.

→

[3-4] 밑줄 친 부분과 바꾸어 쓸수 있는 것을 고르시오.

[3] 선생님께서는 "공공장소에서 담배를 피우지 마십시오."라고 말씀했습니다.

① 공공장소에서 담배를 피우지 말자고
② 공공장소에서 담배를 피우지 말라고
③ 공공장소에서 담배를 피우지 않는다고
④ 공공장소에서 담배를 피우지 않자고

[4] 그 사람이 "죄송하지만 물 좀 주세요."라고 말했어요.

① 죄송하지만 물 좀 주라고
② 죄송하지만 물 좀 주자고
③ 죄송하지만 물 좀 달라고
④ 죄송하지만 물 좀 달자고

중급문법

1. **피동형과 사동형** (被动语态与使动语态)

2. **연결어미** (连接词尾)

3. **관형형 어미** (规定词尾(冠型形词尾))

4. **관용문형** (惯用句型)

§ 한국어능력시험 문법 (중급) §

문법 분야

한국어능력시험은 1997년부터 시작하여 '10회에 걸쳐 어휘·문법, 쓰기, 듣기, 읽기 등 네 가지 영역으로 나눠 시행해 왔다. 2006년 9월에 시행했던 제10회 한국어능력시험은 각 영역에 주·객관식 문항이 모두 들어가는 출제형식에서 주관식 문제를 쓰기 영역으로 집중시키고 나머지 세 가지 영역에서 객관식 문제만 출제하는 변화를 보였다. 아울러 어휘관련 문항의 비율도 점점 커져 문법 위주의 출제형식이 최근에 와서 어휘와 문법이 평균화 되어지고 있는 추세를 보이고 있다.

이러한 변화와 추세에 초점을 맞춰 중급 한국어능력시험 어휘문법 영역에서 나온 문항에 대해 다시 정리했다. 어휘부분의 출제는 명사, 형용사, 부사, 동사 등을 포함하는 데 그 중에 부사가 계속 강조되어 왔다. 그리고 초급 한국어능력시험에서 나오고 있으며 중급 한국어능력시험에서도 많이 출제된 간접화법과 조사에 대해 본 교재 초급 부분에서 다룬 바가 있어 여기서 설명하지 않을 것이다.

중급 부분은 모두 네 장으로 구성되어 있다. 제 1 장은 피동형과 사동형에 관련된 내용이다. 대부분 응시자들에게 가장 난점인 연결어미를 선행문과 후행문의 관계에 따라 12가지의 유형으로 분류해 제 2 장에서 설명하고 제 3 장에서는 관형형 어미에 대해 상세하게 다루고자 한다. 마지막으로 10회의 한국어능력시험 중급 문제에서 비교적 많이 출제된 관용문형을 몇 가지 소개할 것이다.

독자 여러분이 문법관련 지식을 공부하면서 그 문법 항목이 시험에서 어떻게 출제되는지를 알고, 실전연습을 통해 활용할 수 있게끔 본 교재에 각 장마다 문법설명, 출제형식 분석, 그리고 실력다지기 등 세 가지 부분으로 구성되어 있다.

韩国语能力考试 语法 (中级)

　　自一九九七年开始，韩国语能力考试至今已实行过十届了，其出题方式一直由词汇与语法、写作、听力、阅读四个部分组成。从第十届(2006年)考试开始，题型分布由传统的每个部分都有主、客观题改为主观题集中在写作部分，而其他部分统一为客观题，考点也由开始的以语法为主转为语法、词汇并重。

　　在本书的这一部分，笔者主要针对这个变化，对韩国语能力考试中级语法部分中出现的各项语法点进行了以下整理。考试中出现的词汇包括名词、形容词、副词、动词，但难点和考点主要集中在副词部分。另外，初级考试中出现的间接引语和助词也同时出现在历届的中级试题中，具体请参照本书的初级语法部分。

　　本部分共分为四章。第一章将对考试中出现的被动语态和使动语态做详细的整理；第二章的内容是各种连接词尾，这一部分是考试中语法部分的重点，同时也是大多数考生的弱项；冠型形词尾在句中的作用相当于汉语句子成份中的定语，但韩国语中的冠型形词尾有时态的区分，这一点将在第三章规定词尾中具体进行说明；最后一部分将对考试中多出现的惯用句型加以详细介绍。

　　本教材每章都由语法讲解、考题分析、综合练习三个部分组成，三个部分相辅相成，语法讲解和考题分析可帮助读者在学习语法知识的同时了解该语法以何种形式出现于韩国语能力考试中，而最后部分的综合练习可以帮助大家灵活运用所学的语法。

피동형과 사동형
(被动语态与使动语态)

피동형과 사동형은 제6회(2002년) 한국어능력시험부터 중급문제에서 갈수록 큰 비중을 차지해 온 중요한 부분이다.

한국어의 피동형과 사동형은 각각 두 가지 방법으로 형성된다.

• 피동형은 어간에 피동형 어미 '-이, -히, -리, -기'가 붙고 사동형은 어간에 사동형어미 '-이, -리, -히, -기, -우, -추'가 붙어 형성되는데, 이런 방법으로 형성되는 것을 단형이라한다. 그리고 단형피동이 형성되는 또 다른 방법은 일부 '-하다' 로 끝나는 타동사에서 '-하다'를 '-되다'로 바꾸는 것이다.([표1-1, 1-3]을 참조)

• 단형에 비해 장형도 있는데 피동형과 사동형에 따라 다르다. 우선 피동형의 경우는 어간에 보조 연결어미인 '아/어/여지다'가 붙어 이루어진다. 사동형의 경우는 어간에 보조 연결어미인 '-게 하다'가 붙어 이루어진다.([표1-2, 1-4]를 참조)

[译文]

自第六届(2002年)韩国语能力考试开始，被动语态与使动语态部分开始受到重视，相关问题开始出现在每年中级考试的语法部分里。

韩国语的被动语态与使动语态各有两种表达方式。

• 通过单词本身的变化来体现两种语态：在词干后添加'-이, -히, -리, -기'或者把一部分以'-하다'为结尾的单词中的'-하다'改为'-되다'来表达被动语态；在词干后添加'-이, -리, -히, -기, -우, -추'来表达使动语态。也可以把这种表达方式称为"单一型被动语态"和"单一型使动语态"。(详见表[1-1]、[1-3])

• 与单一型变化方式不同，在词干上添加表示被动和使动的词尾来表达两种语态的方式一般称为"复合型被动语态"和"复合型使动语态"，添加的词尾是各不相同的。被

动语态在词干后添加'-아/어/여지다'，使动语态在词干后添加'-게 하다'。(详见表 [1-2]、[1-4])

1. 피동형(被动语态)

1) 단형피동(单一型被动语态) '-이, -히, -리, -기', '-되다'

　　단형피동은 타동사에 피동형 어미 '-이, -히, -리, -기'가 붙어 이루어지는데, 하나의 동사에 어떤 어미가 선택되는가 하는 것도 또한 동사의 개별적인 문제이다.
　　单一型被动语态通过在词干后添加'-이, -히, -리, -기'或把一部分以'-하다'结尾的单词中的'-하다'改为'-되다'来表达被动语态。

[표1-1]

피동형 어미	보기
-이	꺾이다, 보이다, 섞이다, 쌓이다, 쓰이다, 파이다 ……
-히	닫히다, 먹히다, 묻히다, 뽑히다, 얹히다, 업히다, 잡히다 ……
-리	걸리다, 눌리다, 들리다, 뚫리다, 물리다, 밀리다, 열리다, 풀리다 ……
-기	끊기다, 빼앗기다, 씻기다, 안기다, 쫓기다 ……
-하다 → -되다	시작하다→시작되다, 기대하다→기대되다, 생각하다→생각되다 연락하다→연락되다, 요구하다→요구되다, 판매하다→판매되다 선택하다→선택되다, 출제하다→출제되다, 이해하다→이해되다……

　　예문 저기 남산이 <u>보입니다</u>.
　　　　문이 저절로 <u>열렸어요</u>.
　　　　아이가 엄마 품에 <u>안겨</u> 있습니다.

2) **장형피동**(复合型被动语态) '-아/어/여지다'

장형피동은 어간에 보조 연결어미인 '아/어/여지다'가 붙어 이루어진 피동형이다.
复合型被动语态在词干后添加词尾'아/어/여지다'。

[표1-2]

보조연결어미	보기
아/어/여지다	써지다, 깨지다, 밝혀지다, 풀려지다, 이루어지다 ……

[예문] 범인이 누구인지 언젠가는 <u>밝혀지겠지요</u>.
모든 사람의 소망이 <u>이루어진다면</u> 얼마나 좋겠어요.
이 연필은 글씨가 잘 <u>써집니다</u>.

[1] 밑줄 친 부분의 잘못 된 문장을 고르십시오.

① 청소를 하지 않아서 먼지가 가득 쌓여 있다.
② 여자친구 사진이 있으면 좀 보여 주세요.
③ 아까 보니까 도서관 문이 닫아 있었어요.
④ 아무래도 버스터미널에서 가방이 바뀐 것 같다.

[2] 밑줄 친 부분 중 맞는 것을 고르십시오.

① 유리창이 저절로 깨뜨렸어요.
② 꿈을 이루어지기 위해 최선을 다하고 있다.
③ 굳이 변명하지 않아도 사실이 밝혀질 거라고 믿습니다.
④ 그릇을 깨진 사람은 동생이에요.

[3] 밑줄 친 것 중 틀린 것을 찾아 바르게 고쳐 쓰십시오.

맛있는 과자가 접시에 가득 담아 있으니까 마음껏 드세요.

섬명 문제[1]의 ③ 중 '도서관 문' 뒤에 주격조사 '이'를 사용했으므로 피동형이 나와야 된다. 따라서 정답은 ③이다.

문제[2] 선택사항① 중의 '저절로'는 외부의 영향을 안 받고 자신의 힘으로 변화를 일으킨다는 뜻이기 때문에 뒤에 피동형을 사용해야 한다. 선택항②의 밑줄 친 부분은 피동형을 사용했기 때문에 동작의 주체에 주격조사를 사용해야 한다. 선택항④가 ②와 마찬가지다. 그러므로 정답은 ③이다.

문제[3]도 문제[1]과 마찬가지로 주격조사와 '담아'의 사용이 모순되었으므로 '담아'를 '담겨'로 바꿔야 한다.

说明 题[1]: ③中的'도서관 문'使用的助词为'이', 所以'닫아'应该是以被动语态的形式出现。因此选择③。

题[2]的第一个选项中'저절로'表示'不借助外力自然而然的'发出某种动作, 与划线部分的使动语态发生矛盾；第二句划线部分的被动语态与目的格助词'을'发生矛盾；第四句犯了跟第二句一样的错误, 因此选择③。

题[3]和第一道题一样, '담아' 的主体'과자'使用了主格助词'가', 因此应该把动词'담아'改为'담겨'。

2. 사동형(使动语态)

1) **단형사동**(单一型使动语态) '**-이, -리, -히, -기, -우, -추**'

   단형사동은 자동사, 타동사, 형용사에 사동형 어미'-이, -리, -히, -기, -우, -추' 등이 붙는데 어느 어미가 선택되었는가는 단어에 따라 다르다.

   在词干后添加'-이, -리, -히, -기, -우, -추'表达使动语态的方式叫做单一型使动语态。(详见表[1-3])

[표1-3]

사동형 어미	품사	보기
- 이	자동사	녹이다, 붙이다, 속이다, 죽이다, 줄이다
	타동사	먹이다, 보이다
	형용사	높이다
- 히	자동사	앉히다, 익히다
	타동사	묻히다, 얽히다, 입히다
	형용사	넓히다, 밝히다, 좁히다
- 리	자동사	날리다, 놀리다, 돌리다, 살리다, 얼리다, 울리다
	타동사	들리다, 알리다, 열리다, 물리다
- 기	자동사	남기다, 숨기다, 웃기다
	타동사	감기다, 맡기다, 벗기다
- 우	자동사	깨우다, 비우다, 세우다, 재우다, 채우다
	타동사	새우다, 지우다
- 추	자동사	낮추다, 늦추다, 맞추다

[예문] 고양이가 쥐를 <u>죽였</u>습니다.

음식을 <u>남기지</u> 말고 다 드세요.

잠자는 사람을 <u>깨우지</u> 말아요.

2) 장형사동(复合型使动语态) '-게 하다'

장형사동은 자동사, 타동사, 형용사에 '-게 하다'가 붙는데 단형사동보다 쓰이는 범위가 넓다.

　　在动词(自动词、他动词)、形容词的词干后添加词尾'-게 하다'表示使动语态，复合型使动语态相对于单一型使动语态其适用范围比较广。(详见表[1-4])

[표1-4]

보조연결어미	보기
- 게 하다	가게 하다, 먹게 하다, 밝게 하다, 보게 하다, 슬프게 하다, 읽게 하다, 푸르게 하다, 하게 하다……

[예문] 선생님이 그 학생을 일찍 집에 <u>가게 하셨어요.</u>

의사가 동생에게 안경을 <u>쓰게 했어요.</u>

방을 너무 <u>춥게 해서</u> 감기가 들었어요.

사동형에서 주의해야 할 점은 일부 단어에 단형사동과 장형사동이 다 쓰일 수 있는데 이들 사이에는 의미상의 차이가 있다는 것이다. 즉, 단형사동은 주체의 행위가 직접적인데, 장형사동의 경우에는 그 행위가 간접적이다. 다음 두 문장의 뜻을 비교해 보면 알 수 있을 것이다.

　　在使用使动语态时，有一点需要各位考生注意。部分单词既可以使用单一型使动语态也可以使用复合型使动语态，但两者的语意略有不同。单一型使动语态的主体是直接作用在动作对象上的，相当于汉语中的"给"，而复合型使动语态的主体是间接作用在动作对象上的，相当于汉语中的"让"。可以通过比较下面两组句子了解两种使动语态的不同。

예문 어머니가 아이에게 예쁜 옷을 입히셨어요.
妈妈给孩子穿上漂亮的衣服。(妈妈动手穿)
어머니가 아이에게 예쁜 옷을 입게 하셨어요.
妈妈让孩子穿上漂亮的衣服。(孩子自己穿)

할머니께서 동생에게 감기약을 먹이셨어요.
奶奶给弟弟喂药。(奶奶动手喂)
할머니께서 동생에게 감기약을 먹게 하셨어요.
奶奶让弟弟吃药。(弟弟自己吃)

[1] 빈칸에 있는 단어를 알맞게 고쳐 쓰십시오.

　　손을 쓸 수가 없어서 어머니께서 밥도 먹여 주시고 옷도 (입다) 주세요.

[2] 다음 밑줄 친 부분이 틀린 것을 고르십시오.

　① 회의 준비는 오늘 <u>끝내도록</u> 하겠습니다.
　② 연습을 날마다 하면 발음이 <u>나아질</u> 거에요.
　③ 언니가 사귀던 남자 친구와 <u>헤어지기로 했어요.</u>
　④ 새로 산 바지가 커서 허리를 많이 <u>줄게 해서</u> 입었어요.

설명　문제[1]은 '어머니'는 주체가 되는데 '손을 쓸 수 없'다는 전제가 있어서 직접적인 사동형인 단형사동을 사용해야 한다. 따라서 정답은 '입혀'이다.

　문제[2]의 ④에 '줄다'는 주체인 '바지를 산 사람'의 직접적인 행위이기 때문에 단형사동을 사용해야 한다.

说明　題[1]括号中'입다'的主语为'어머니'，又因为题中给出了'손을 쓸 수 없다'(不能用手)的前提，因此应该使用直接作用于对象的单一型使动语态，即'입혀'。

　題[2]中④的主语是买裤子的人，动作对象是裤子，主语直接作用于动作对象。因此④是正确答案，划线部分应该使用单一型使动语态。

[1~5] (   )에 들어갈 적당한 것을 고르십시오.

[1] 시험을 보는 강의실 안은 연필 소리도 (   ) 조용해요.

① 들을 정도로　　　　　　② 들릴 정도로
③ 듣게 할 정도로　　　　　④ 듣길 정도로

[2] 내가 이렇게 어려운 시험을 통과했다는 것은 (   ).

① 믿게 하지 않아요.　　　② 믿어지지 않아요.
③ 믿기지 않아요.　　　　④ 믿겨지지 않아요.

[3] 선생님은 "(   ) 거짓말은 하지 말라"라고 하셨다.

① 죽더라도　　　　　　　② 죽이더라도
③ 죽어지더라도　　　　　④ 죽여지더라도

[4] 새로 산 유리컵이 (   ).

① 깨게 했다.　　　　　　② 깨였다.
③ 깨졌다.　　　　　　　④ 깼다.

[5] 비가 온 관계로 창신대학 마라톤대회가 내일로 (   ).

① 연기하게 하였다.　　　② 연기해지었다.
③ 연기하였다.　　　　　④ 연기되었다.

[6~7] ①②③④ 중 틀린 것을 찾아 고쳐주십시오.

[6] ① 어머니는 동생에게 밥을 <u>먹혔다.</u>
   ② 인걸이는 재미있는 이야기로 우리를 <u>웃겼다.</u>
   ③ 문희는 종이학을 하늘에 <u>날렸다.</u>
   ④ 자려고 하지 않는 아이들을 겨우 다 <u>재웠다.</u>

   (   ) _______________________________

[7] 회의에 ①<u>늦을 것 같아서</u> 택시를 ②<u>잡으려고 했지만</u>, 빈 택시가 평소에 자주
   ③<u>보았는데</u> 오늘 한 대도 ④ <u>안 나타났다.</u>

   (   ) _______________________________

연결어미
（连接词尾）

　　한국어 문법 중에 중요한 역할을 담당하고 있는 어미는 문장의 종류, 서법, 경어법, 시제 등 많은 문법현상을 나타낸다. 그러므로 한국어의 어미는 매우 발달되어 있다. 그 중에 연결어미는 문장과 문장을 이어 주는 어미인데 선행문과 후행문의 관계에 따라 다시 여러 종류로 나뉘어진다. 이 부분은 한국어능력시험 문제에서 빠진 적도 빠질 수도 없는 부분이며 응시자들이 가장 이해하기가 어려운 부분이기도 한다.

（译文）

　　作为一种语法现象，韩国语中的词尾起到着不可替代的重要作用。可以通过词尾的变化来体现句子的种类、时态、敬语以及状态，因此，词尾的种类也非常繁多和复杂。其中连接词尾作为连接前后两个句子的纽带更是担当着重要的角色。在历届的韩国语能力考试中，无论初、中、高级，连接词尾的相关问题是必不可少的。

　　为了方便说明，在这里，根据前后两个句子间的关系，我们把连接词尾分为十二种。

1. 병렬관계의 어미(表示并列关系的词尾)

-고, -며

-고

(1) 두 가지의 사실을 단순히 나열한다.

表示单纯叙述两件事实。

[예문] 새가 울고 꽃이 핍니다.
　　　김 선생은 서울에서 살고 이 선생은 부산에서 산다.

(2) 두 가지의 사건이 같은 시간에 동시 발생했을 때 쓴다.

叙述个同时发生的动作或事件。

[예문] 나는 피아노를 치고 동생은 노래를 불렀습니다.
　　　어제는 비가 오고 바람도 불렀어요.

(3) 두 가지 이상의 사실을 말할 때 후행문의 내용보다 선행문의 내용이 먼저 이루어짐을 나타낸다.

还可以表示动作发生的先后关系。

[예문] 손을 씻고 식사를 합니다.
　　　아침을 일찍 먹고 학교에 갔습니다.

(4) 동사에 따라서는 선행문의 동작이 완료되어, 그 상태가 후행문에서 지속됨을 나타내기도 한다.

表示前一个动作结束，但其状态一直维持于后一个动作中，即前文是后文进行的方式。

[예문] 형이 새 옷을 입고 외출했습니다.
　　　어제 기차를 타고 부산에 갔습니다.
　　　가방을 들고 밖으로 나갔습니다.

| -며 | 같은 주어로 인한 두 개 이상의 동작이 같은 시간에 일어나거나 두 개 이상의 특징을 나열한다. |

用于叙述同一主体同时发出的两个动作或同一主体的两个状态、特征。

〔예문〕 일하며 공부하기가 쉬운 일은 아니지요.

여자 가수가 춤을 추며 노래를 불렀어요.

장미는 예쁘며 향기도 좋아요.

값도 싸고 좋으며 색깔도 예뻐요.

✎ 보충설명 补充说明

‘고’와 ‘며’를 사용할 때 다음 몇 가지를 유의해야 한다.

첫번째는 ‘-고’를 사용해 이어 발생하는 두 동작을 나열할 때 앞의 동사에 시제를 붙이면 안 되는 것이다.

在使用‘- 고’和 ‘- 며’时，需要注意以下几点:

第一， 在使用‘- 고’来连接先后发生的两个动作时，前面的动词应该使用原形，不能使用过去时。

〔예문〕 손을 씻고 밥을 먹었어요.(○)

손을 씻었고 밥을 먹었어요. (×)

두번째는 ‘- 고’와 ‘- 며’는 다 동시에 일어나는 동작을 나열하는 역할을 하고 있지만 ‘-고’가 연결하는 두 개의 동작이나 상태는 다른 주체로 인해 발생하는 것이고, ‘- 며’는 같은 주체로 인해 발생하는 동작이다.

第二，‘- 고’和 ‘- 며’都可以用来叙述同时发生的两个动作或状态，但‘-고’连接的是由不同的主体发出的动作或状态，而‘- 며’连接的则是同一主体。

〔예문〕 나는 피아노를 치고 동생은 노래를 불렀습니다. (○)

나는 피아노를 치며 동생은 노래를 불렀습니다. (×)

＊ 위 예문에서 '피아노'를 치는 주체와 '노래'를 부른 주체가 다르므로 '- 고'를 사용해야 올바르다.

＊ 句中'弹琴''的主体是'我'，而'唱歌'的主体是'妹妹'，主体不同，因此应使用 '- 고'。

<blockquote>예문　장미는 <u>예쁘며</u> 향기도 좋아요. (○)

장미는 <u>예쁘고</u> 향기도 좋아요. (×)</blockquote>

＊ 문장 속에 '예쁘다'는 주체는 장미의 모양이고 '향기'는 장미의 냄새를 수식하므로 다 같은 주체인 장미에 대해 언급하고 있다. 이럴 때는 '- 며'를 써야 같은 주체를 다룰 수 있다.

＊ 句中'예쁘다'的主语是玫瑰的样子而'좋아요'的主语是玫瑰的气味，虽然主语不同，但同是形容玫瑰这一主体的，因此应该使用'- 며'。

[1] (　　)에 맞지 <u>않은</u> 것을 고르십시오.

> 가: 부모님의 고향은 같습니까?
> 나: 아니오. 아버지의 고향은 베이징(　　) 어머니의
> 　　고향은 천진입니다.

① 인데
② 이며
③ 이고
④ 이지만

[2] (　　)에 맞지 <u>않은</u> 것을 고르십시오.

> 저녁을 (　　　　) 텔레비전을 봤어요.

① 먹으며
② 먹고
③ 먹은 후에
④ 먹어서

설명 문제[1]의 ①과 ④는 대립관계를 나타내는 어미로 선후행문에 '아버지와 어머니'의 고향이 다르다는 뜻을 표현할 수 있다. ②와 ③은 병렬의 어미로 의미에 맞는데 '며'는 같은 주체로 인한 두 가지 동작이나 상태를 나타내기 때문에 사용할 수 없으므로 정답은 ②이다.

문제[2]의 선후행문은 병렬의 관계로 이해할 때 ①이 맞고 시간의 관계를 나타낼 때 ②, ③, ④가 해당되는데 ④의 '먹어서'가 선후행문의 동작 순서가 바뀌면 안 되는 경우에 사용되기 때문에 ④가 정답이다. 이 문제를 풀 때 '고'가 이어서 발생하는 두 가지 동작도 수식할 수 있다는 점을 유의해야 한다.

说明　题[1]的第一、四选项为转折关系词尾，表示父亲的故乡和母亲的故乡不同；而第二、三选项表达并列关系，从句意来看也通顺，但'-며'所并列的两个动作或状态必须是同一主体，因此选择②。

题[2]中括号的前后文可以是并列关系，也可以是先后关系。表并列关系时，第一个选项是正确的；理解为先后关系时，第二、三个选项是正确的。第四个选项也可以表示先后关系，但它表示的前后文内容是逻辑上不可以颠倒的两个动作或状态，题中的前后文可以互换，因此答案为④。在做这道题时，考生应注意'고'也可以表示先后关系。

2. 선택관계의 어미(表示选择关系的词尾)

-거나, -든지, -나

-거나

(1) 두 가지 이상의 동작이나 상태를 나열하면서 그 중에 하나를 선택하는 의미를 표현할 때 쓰는 어미이다. 보통 어간 뒤에 붙어 쓴다.

用于动词和形容词词干之后，表示在前文和后文出现的两个动作或状态中选择一个。

[예문] 주말에는 등산을 가거나 수영을 해요.
슬프거나 외로울 때 부모님께 전화합니다.
자리를 비울 때 누가 찾아오거나 전화가 오거나 하면
적어 놓으세요.

(2) 서로 반대되거나 다른 뜻을 가진 두 단어가 결합되어 '- 거나 거나' 또는 '- 거나 말거나'로 쓰인다. 어느 한쪽을 선택하든지 관계없이 후행문의 내용이 중요함을 나타낸다.

用'A-거나 B-거나'来连接A和B两个反义词表示'无论A还是B'。此时无论是选择A还是B都不重要，主要强调的是这个词尾后面的内容。 另外，也可以用于'A- 거나 말거나'这一形式。

[예문] 음식이 맛이 있거나 없거나 배고프면 먹어야죠.
그 선생은 학생들이 듣거나 말거나 혼자만 얘기합니다.

-든지(든, 든가)   (1) 두 가지 동작이나 상태 중 하나를 선택한다는 뜻이다.

表示两者任选其一，相当于汉语中的"要么、或者"。

예문 밥을 먹든지 죽을 먹든지 마음대로 해라.
　　　편지를 하든지 전화를 하든지 소식을 전해 줘.
　　　가든가 안 가든가 빨리 결정하세요.

(2) 또는 가지리 않고 다 포함돼 있다는 사실을 강조한다. '-든지
말든지'로 쓰여 동일한 동사에 대한 긍정이나 부정의 선택을 나타내
기도 한다.

表示不加选择地无条件包括，相当于汉语"不管怎么样都、无论
怎么样都"。　常常以'-든지 말든지'的形式出现。

예문 술을 마시든지 담배를 피우든지 지나치게 하지 마세요.
　　　네가 무엇을 하든지 난 상관하지 않겠어.
　　　남들이 인정하든 안 하든 제 할 일만 잘하면 되는 거야.

-나   (1) 일반적으로 '-(으)나 -(으)나'의 형태가 반복됨으로써 서로 상반되
는 어떤 동작이나 상태에 특별히 구애받지 않고 후행문의 내용이
나타나는 경우에 쓰인다.(독립적으로 쓸 때 대립관계의 어미로 쓰임)

通常以'-(으)나 (으)나'的形式出现，表示不加选择无条件包括。(单
独使用时多用于转折关系)。

예문 같이 있으나 떨어져 있으나 마음은 늘 같이 있어요.
　　　눈으로 보나 안 보나 뻔한 일입니다.
　　　많으나 적으나 관계없이 주는 대로 받기만 했다.

(2) 또 부정의 뜻이 있는 '말다'와 연속적으로 쓰여 선행하는 동사의
행동이나 상태가 쓸모없거나 헛된 일임을 나타낸다. 또 '되다'와

결합해 나타날 때 '되나 마나'가 되는데 그 뜻은 '대략, 쯤'이다.

另外，也可以跟'말다'连用，以'-나　마나'的形式出现，表示之前的动作或状态做不做都一样。当和'되다'连用为'되나 마나'时，表示大概的数量。

[예문] 그런 책임감 없는 분은 <u>만나나 마납니다.</u>
　　　 너무 늦어서 지금은 <u>가나 마나예요.</u>
　　　 남의 공책을 베끼는 숙제는 <u>하나 마나예요.</u>
　　　 열 살이 <u>되나 마나 하다.</u>

[1~2] 다음 밑줄 친 부분과 바꿔 쓸 수 있는 것을 고르십시오.

[1]

> 가: 이 식당은 뭐가 맛있어요?
> 나: 저는 여기 오면 칼국수를 <u>먹든지</u> 라면을 먹어요.

① 먹거나
② 먹어도
③ 먹던데
④ 먹거든

[2]

> 가: 미란씨가 내일 모임에 나올 수 있는지 한번 물어
>   보자.
> 나: <u>물어 보나마나</u> 참석한다고 할 거야.

① 물어 봐야지
② 물어 볼 건지
③ 물어 본다니까
④ 물어 보지 않아도

설명 문제[1]에서의 '든지'는 선택관계를 나타냈으므로 바꿔 쓸 수 있는 어미는 선택관계를 표현할 수 있는 '거나'가 맞다. 그러므로 정답은 ①이다.

문제[2]에서 '-나 마나'의 앞에 나온 '물어 보다'의 동작이 쓸모없다는 뜻을 포함되어 있기 때문에 의미를 보면 ④번을 선택해야 한다.

说明 题[1]中'든지'表达的是选择关系，四个选项中只有①表示选择。

题[2]中的'-나 마나'和之前的'물어 보다'相连，表示问不问都一样的意思，所以选择④。

3. 대립관계의 어미(表示转折关系的词尾)

-(으)나, -지만, -는데

이 부분에 초점을 맞춘 문항은 한국어능력시험 중급에서 아주 드물다.
单纯针对转折关系的考题在韩国语能力中级考试中很少见。

-(으)나   선행문의 사실에 대해 후행문이 반대되거나 선행 사실에 따르지 않는 뜻을 가진 두 문장을 이어 주면서 서로 대립의 관계를 나타낸다.
表示前后文内容相反，相当于汉语中的'虽然……但是……'。

예문) 비가 <u>오나</u> 바람은 불지 않아요.
약을 <u>먹었으나</u> 아직도 감기가 낫지 않았어요.
값은 좀 <u>비싸나</u> 질은 괜찮지요.

예문에서 볼 수 있듯이 '-(으)나'앞에 나온 동사는 사전형일 수도 있고 서술하고자 하는 내용에 따라 과거형을 쓸 수도 있다.
从例句中可以看出，'-(으)나'之前的单词可以使用原形，也可以使用过去时或将来时词尾。

-지만   선행문과 후행문의 내용이 대립되는 것을 표현할 때 쓰인다.
表示前后文内容相反。

예문) 벌써 밤 <u>12시이지만</u> 아직 할 일이 많습니다.
나는 짠 음식을 <u>좋아하지만</u> 친구는 단 음식을 좋아합니다.

-ㄴ/은/는데 　　후행문의 내용이 선행문의 내용에 대한 약한 대립을 표현한다. 동사
어간에 '-는데'를 붙이고 형용사 어간에 '-ㄴ/은데'를 붙인다.

表示前后文的转折，但语气较弱。在动词后用'-는데'，形容词后
根据开、闭音节使用'-ㄴ/은데'。

예문 　말을 <u>알아듣는데</u> 쓸 수 없어요.
　　　얼굴은 <u>예쁜데</u> 성격은 안 좋아요.
　　　눈이 <u>오는데</u> 날씨가 안 추워요.
　　　계속 치료를 <u>하는데</u> 감기가 낫기 않아요.
　　　날씨가 <u>좋은데</u> 기분이 별로예요.

　'-ㄴ/은/는데'는 앞에 언급했던 두 대립관계의 어미보다 약한 대립관계를 나타나
있지만 습관적으로 회화체에서 가장 많이 쓰이는 대립관계의 어미이다. 그 밖에 상황관
계의 어미로도 많이 쓰인다.('상황관계의 어미' 부분을 참조.)
　与之前的两个转折关系词尾相比，'-ㄴ/은/는데'的语气相对较弱，但在口语中人们
多习惯使用这个词尾来表示转折关系。另外，它还有提示和说明的作用，这一用法
在后文中会提到。

[1] 밑줄 친 부분과 의미가 비슷한 것을 고르십시오.

> 가: 반지를 잃어버리셨어요?
> 나: 네. 여기 저기 <u>찾아 봤는데</u> 아무데도 없어요.

① 찾아 봐서
② 찾아 보면
③ 찾아 봤지만
④ 찾아 봤으니까

[2] (　　)에 <u>들어갈 수 없는</u> 것을 고르십시오.

> 디지털 카메라를 (　　　　) 돈이 없어서 못 산다.

① 좋아하고
② 좋아하지만
③ 좋아하는데
④ 좋아하긴 하는데

설명　문제[1]의 '찾아 봤는데'뒤에 내용이 '없어요'가 나와서 대립관계를 나타내고 있다. 그러므로 ③이 정답이다.

문제[2]의 선후행문은 대립관계를 나타내고 있으므로 선택 사항 중 대립관계를 표현할 수 있는 어미는 ②, ③, 그리고 ④이다. 그러므로 정답은 병렬관계를 나타내는 ①이다.

说明　题[1]句中'찾아 봤는데'的结果是'없어요'，由此可知前后文的关系是转折，答案为③。

不难看出，题 [2]的前后文是转折关系，而四个选项中只有①不能表示转折，其他三个选项都可以表示转折关系。所以，答案是①。

4. 인과관계의 어미(表示因果关系的词尾)

-아/어/여서, -(으)니까, -느라고

　　인과관계의 어미가 많이 있는데 한국어능력시험 중급에서 자주 출제된 어미로 '-아/어/여서', '-(으)니까', '-느라고' 등이 있다.

　　可以表示因果关系的词尾很多，这里只介绍在中级韩国语能力考试中常出现的"-아/어/여서"、"-(으)니까"和"-느라고"。

-아/어/여서

(1) 선행문이 후행문의 원인이 된다. 이때 선행문의 동사에는 시제를 표현하는 어미를 붙일 수 없고 후행문의 종결어미에 명령형이나 청유형은 쓰이지 않는다.

表示前文是后文的原因。在形式上，前文句子的谓语不能添加时态词尾，后文的句子不能使用命令句或共动句式。

[예문] 저는 <u>바빠서</u> 참석하지 못했습니다.

아이가 배가 <u>아파서</u> 울고 있습니다.

바람이 심하게 <u>불어서</u> 나뭇잎이 떨어졌습니다.

(2) 선행문의 동작이 후행문의 동작에 순차적으로 앞선다. 선행문의 동작이 완료된 후의 상태를 그대로 유지하면서 후행문의 동작을 행한다는 뜻이다. 그러므로 어느 정도 지속될 수 있는 동사만 올 수 있다. 이때 선행문에는 동작동사가 쓰이며, 후행문의 종결어미에는 제약이 없다.

表示时间上先后发生的两个动作，但后文动作进行过程中保持前文动作的状态。因此前文所用动词通常为可持续动词。在这种用法里，后文不存在句式的制约。

[예문] 시장에 <u>가서</u> 여러 가지 물건을 삽니다.

의자에 <u>앉아서</u> 잠깐만 기다리십시오.

김 선생을 <u>만나서</u> 재미있는 이야기를 들었어요.

-(으)니까

(1) 선행문의 동작이나 상태가 후행문의 이유가 되는 경우에 쓰인다. 화자의 주관적 느낌이나 생각을 나타낸다. 후행문의 종결어미로는 명령형이나 청유형이 많이 쓰인다.

表示前文的内容是后文的理由，这个理由通常是说话人的主观想法或感觉。在这种情况下，后文的句式常用命令句或共动句。

[예문] 오늘은 날씨가 <u>추우니까</u> 옷을 많이 입으세요.

내일은 <u>일요일이니까</u> 집에서 쉬십시오.

제가 <u>잘못했으니까</u> 제가 사과하겠습니다.

(2) 선행문의 동작이 후행문의 내용을 확인하거나 발견하게 하는 계기가 되었음을 뜻한다. 이때 의문문을 제외하고 선행문의 주어는 화자이다.

表示前文的动作是出现后文动作的契机，这种情况下，后文的句式如果是非疑问句，那么它的主语一定是说话人。

[예문] 집에 <u>가니까</u> 친구의 편지가 있었습니다.

김 선생의 말을 <u>들으니까</u> 저도 잘 할 수 있겠다는 생각이 들어요.

한국말을 공부해 <u>보니까</u> 재미있어요?

-느라고

선행문이 후행문에 대한 이유나 원인을 나타낸 어미이다. 선·후행문의 주어는 동일해야 하며 후행문의 내용은 화자의 기대와는 다른 것이 된다. 또 선행문의 술어는 동작동사로 제약되는데 선행문의 동작이 계속되어 후행문의 바람직하지 못한 결과에 이르게 되었음을 뜻한다.

这也是一个可以表示前后文因果关系的词尾，但前后文的主语通常是一致的，前文的谓语部分必须是动词，而且后文出现的是与说话人的期望不相符的、不令人满意的结果。

[예문] 공부하느라고 주름살이 많이 생겼어요.

연휴 때 집을 지키느라고 아무데도 못 갔어요.

내 생각만 하느라고 남의 생각을 못했어요.

✎ 보충설명 补充说明

*** '-아/어/여서'와 '-(으)니까'는 다 이유나 원인을 설명하는 뜻이 있지만 사용할 때 다음 몇 가지를 유의해야 한다.
在使用'-아/어/여서'和'-(으)니까'时需要注意以下几点：

(1) '-(으)니까'앞에 시제를 표현하는 어미를 붙일 수 있지만 '-아/어/여서'는 불가능하다.
'-(으)니까'可以和时态词尾一起使用，而'-아/어/여서'之前的谓语必须是原形。

[예문] 한국어를 배웠으니까 한국에 가도 된다.(○)

한국어를 배웠어서 한국에 가도 된다. (×)

(2) '-(으)니까'의 후행문에 명령형과 청유형이 많이 쓰이지만 '-아/어/여서'는 제약돼 있다.
'-(으)니까'的后文多用命令句和共动句，而'-아/어/여서'不可以使用这两种句式。

[예문] 비가 오니까 우산을 가져가세요. (○)

비가 와서 우산을 가져가세요. (×)

(3) '-아/어/여서'는 주로 일반적인 이유를 나타내고 '-(으)니까'는 화자의 주관적 느낌이나 생각을 나타내 어감이 보다 강하다.
'-아/어/여서'所体现的是一般性的原因，而'-(으)니까'表述的是说话人的主观想法或感觉，语气比较不客气。

[예문] 교수님께 드릴 말씀이 있어서 찾아왔습니다.(겸손한 태도)

교수님께 드릴 말씀이 있으니까 찾아왔습니다.(겸손하지 못한 태도)

[1] 밑줄 친 부분이 잘못 된 문장을 고르십시오.

① 비디오를 <u>보느라고</u> 할 일을 못했다.
② 회의 준비를 <u>하느라고</u> 아주 힘들었다.
③ 우체국에 잠깐 들렀다 <u>오느라고</u> 늦었다.
④ 내일 아침에 일찍 <u>일어나느라고</u> 일찍 잤다.

[2] 밑줄 친 부분과 의미가 비슷한 것을 고르십시오.

> <u>요리하고 있어서</u> 전화를 얼른 받을 수 없었어요.

① 요리하면
② 요리해도
③ 요리하고 있는데
④ 요리하느라고

[3] 다음 밑줄 친 부분이 틀린 것을 고르십시오.

① 날씨가 <u>춥느라고</u> 얼어 죽겠어.
② 날씨가 <u>추워서</u> 얼어 죽겠어.
③ 날씨가 <u>춥기 때문에</u> 얼어 죽겠어.
④ 날씨가 <u>추우니까</u> 얼어 죽겠어.

설명　문제[1]의 ④는 '-느라고'의 후행문에 안 좋은 결과가 나와야 된다는 규칙과 어긋나므로 잘못 된 문장이다. 따라서 정답은 ④이다.

문제[2]의 네 가지 선택사항 중 ④만 원인을 나타내고, 후행문에 나온 만족스럽지 못한 결과도 '-느라고'에 맞게 사용하였으므로 ④가 정답이다.

문제[3] 중 '-느라고'는 동사만 수식할 수 있기 때문에 '춥다'와 결합해 사용할 수 없다. 따라서 ①이 정답이다.

（说明）　题[1]，'-느라고'之后出现的结果通常是不太令人满意的，④的划线部分是错误的，因此选④。

题[2]的四个选项中只有④表示前后文的因果关系，而后面的句子中出现的不令人满意的结果正好和'-느라고'的用法相符，因此正确答案是④。

题[3]的'느라고'只可以修饰动词，而'춥다'是形容词，第一个选项的划线部分是错误的，因此选①。

5. 조건·가정관계의 어미(表示条件·假设的词尾)

-거든, -(으)면, -아/어/여야

　조건·가설관계의 어미는 선행문이 후행문이 실현할 수 있는 조건이 되거나 선행문의 조건이 갖춰지는 가정이 이루어지면 후행문의 결과가 나올 것이라는 뜻을 표현하는 어미다. '- 거든, -(으)면, 아/어/여야'가 있다.

　这类词尾是表达后文为前文的条件，或假设前文成立就会出现后文的结果时所使用的词尾。主要包括'- 거든, -(으)면, 아/어/여야'。

-거든

(1) 선행문은 사실에 근거한 주관적인 조건이나 가정을 나타낸다. 이때, 후행문에는 명령형 또는 청유형을 써야 자연스럽다.

前文提供对某件事的主观上的假设或条件，相当于汉语中'如果⋯⋯那么⋯⋯'。此时，后文一般以命令句或共动句的形式出现。

예문) 바쁘지 <u>않거든</u> 놀러 오세요.

　　　그 분한테서 전화가 <u>오거든</u> 연락해라.

　　　돈이 <u>필요하시거든</u> 언제든지 말씀해 주세요.

(2) 그밖에 의도를 나타내는 '-(으)려' 뒤에 '-거든'을 붙여, 동작에 대한 가정을 나타내기도 한다. 이런 경우에는 선행문의 술어가 동사로 제약되고 선후행문의 주어는 같아야 한다.

在表示意图、目的的词尾'-(으)려' (参照后文) 之后加上'-거든'，表示对某个动作的假设。此时，前文的谓语必须由动词充当，而且前后文的主语应保持一致。

예문) 그 분을 <u>만나려거든</u> 미리 약속을 하세요.

　　　실력을 <u>쌓으려거든</u> 책을 많이 읽어요.

　　　남에게 지지 <u>않으려거든</u> 그만큼 애써야지요.

-(으)면 (1) 가정의 뜻이 있어서 후행문의 동작이나 상태가 이루어지기 위한 전제조건을 나타낸다. 동사나 형용사 어간 뒤에 '-으면'이나 '면'을 붙이고 판단동사인 '이다', '아니다' 뒤에는 '라면'을 붙인다.

表示假设，即实现后文的动作或状态所需的前提条件。根据开、闭音节在词干后添加'면'或者'-으면'，在判断动词'이다'、'아니다'后添加'라면'。

[예문] 가을이 <u>되면</u> 단풍이 듭니다.
감기에 <u>걸리면</u> 집에서 쉬어야 해요.
성적이 <u>좋으면</u> 기분도 좋아요.
<u>수입품이라면</u> 값이 무척 비쌀 거예요.

(2) '-(으)면'에 강조의 뜻을 가진 조사 '-야'가 붙은 것으로 선행문의 사실이 가정이나 조건으로 된 경우에는 후행문의 결과가 당연함을 뜻한다.

有时在'-(으)면'后添加助词'-야'表示强调，即如果前文的假设或条件实现，那么理所当然会出现后文的事实。

[예문] 안개가 낀 <u>날이면야</u> 비행기가 떠나기 힘들죠.
열심히 <u>하면야</u> 어느 정도 성과가 있겠죠.

(3) '-(으)면' 뒤에 '좋다'나 '하다'를 써서 주어의 희망을 나타낸다. 어미 '았/었/였'을 써서 강조의 뜻을 나타낸다.

在'-(으)면'之后添加'좋다'或'하다'表示主语的希望。通常使用'았/었/였'来强调希望。相当于汉语中"要是……就好了"。

[예문] 내일은 일하지 말고 집에 <u>있으면 좋겠어요.</u>
통일이 <u>되었으면 하는</u> 사람들이 많아요.
앞으로 무슨 일을 <u>했으면 좋겠어요?</u>

과거시제어미와 결합해 사용하는 경우에는 후행문에 '좋다', '하다' 를 제외한 다른 내용이 나올 수도 있는데 이럴 때는 선행문의 내용이 이루어졌으면 후행문의 결과가 나올 거라는 가정을 나타낸다.

在使用这种形式时，后文除了'좋다'和'하다'，有时还出现其它内容，表示如果前文的内容实现了，就会出现后文的结果，与虚拟语气有些相似。

(예문) 어제 그 사람을 <u>만났으면</u> 오늘 전화하지 않아도 되는데.
　　要是昨天见到他了，今天就不用打电话了。（昨天没见到他）
　　앞차를 <u>탔으면</u> 지금 벌써 집에 도착했을 거야.
　　要是乘坐上一班车现在可能都已经到了。（没能乘坐上一班车）
　　부모님의 말씀을 안 <u>들었으면</u> 오늘의 나도 없었을 겁니다.
　　如果不听父母的话，就没有现在的我了。（'我'当时听了父母的话）

(4) 간접화법의 어미인 '다고 하다', '라고 하다', '자고 하다' 뒤에 '면'을 붙여 가정을 나타내기도 한다. 그 형식을 줄여 '다면, 라면, 자면'을 많이 사용한다.

经常和间接引语的词尾'다고 하다', '라고 하다', '자고 하다'连用，形式多用其缩略形'다면, 라면, 자면'。

(예문) 그 분이 사과를 <u>한다면</u> 받아들여.
　　선생님이 숙제를 <u>하라면</u> 해야 돼요.
　　윗사람이 <u>하자면</u> 해야지요.

-아/어/여야　(1) 선행문의 내용이 반드시 전제되어야 후행문의 결과가 이루어짐을 나타낸다. '이다', '아니다'인 경우에는 '(이)라야'로 많이 쓰인다.

表示只有具备前文的条件、前提，才能实现后文的结果。与'이다'、'아니다'连用时形式为'(이)라야'。

(예문) 겨울이 <u>돼야</u> 눈을 구경할 수 있다.
　　얼굴이 <u>예뻐야</u> 배우를 할 수 있다.
　　그 사람을 실제로 <u>만나야</u> 알 수 있습니다.
　　경험이 많은 <u>사람이라야</u> 그 문제를 해결할 수 있다.

조사인 '-만'을 붙여 강조하기도 한다.

有时与助词'-만'连用表示强调。

[예문] 비행기나 배를 <u>타야만</u> 제주도에 갈 수 있어요.
　　　직업을 <u>가져야만</u> 안정된 생활을 할 수 있어요.

(2) 선행문에 '-아/어/여 보다'와 결합해 후행문에 부정의 뜻이 있으면, 어떤 일을 한다고 해도 소용없음을 나타낸다.

与惯用型'-아/어/여 보다'连用时，后文如果出现否定意义的句子，所表示的意思为无论怎么样也实现不了后文的内容。相当于汉语的"就算……也不能……"

[예문] 너무 늦어서 지금 <u>가봐야</u> 김 선생을 만날 수 없을 겁니다.
　　　변명을 <u>해 봐야</u> 오히려 오해만 사게 될 거예요.
　　　이 약은 <u>먹어 봐야</u> 별 소용이 없어요.

(3) '아/어/여야 하다(되다)': 당연히 해야 하는 의무나 반드시 필요한 조건을 나타낸다.

以'아/어/여야 하다(되다)'形式出现，表示无条件必须完成的义务，或必需的条件。

[예문] 사람은 마음이 <u>착해야 합니다.</u>
　　　하루에 여덟 시간은 <u>일해야 됩니다.</u>
　　　외국에 가려면 여권을 <u>받아야 합니다.</u>

(4) '-아/어/여야겠다': 주관적으로 어떤 일을 해야 할 뜻이다.

以'-아/어/여야겠다'的形式出现，表示主观认为必须要做的事情。

[예문] 늦었으니까 그만 <u>가야겠다.</u>
　　　여름에 에어컨을 <u>사야겠다.</u>
　　　다음 주에 기말고사가 있으니까 오늘부터 <u>밤새워야겠다.</u>

[1] 다음 밑줄 친 부분 중 틀린 것을 고르십시오.

① 조금이라도 늦잠을 <u>자거든</u> 그때마다 어머니께서 깨우세요.
② 동생이 <u>들어오거든</u> 바로 가겠어요.
③ 오르막길이 <u>있거든</u> 내리막길도 있다.
④ 일 좀 <u>하려거든</u> 꼭 친구들이 전화를 걸어요.

[2] 다음 밑줄 친 부분 중 틀린 것을 고르십시오.

① 장요 씨, 장학금을 <u>받았다면서요?</u>
② 내일 소풍을 가니까 날씨가 <u>맑았으면 좋아요.</u>
③ 어제 연극을 못 봤어요. 극장에 너무 늦게 <u>갔거든요.</u>
④ 운동을 좋아해서 요즘에도 자주 헬스장에 <u>가곤 해요.</u>

[3] 알맞은 것을 고르십시오

훌륭한 축구 선수가 되기를 (   ) 이번
기회에 해외로 진출해야 한다.

① 원한다면　　　　② 원해서는
③ 원하더라도　　　④ 원하다가는

[4] 알맞은 것을 고르십시오.

음식 맛은 먹어 (   ) 알 수 있다고 합니다.

① 봐도　　② 봐야　　③ 봤자　　④ 봤고

문제[1]의 ④ 중 '-려거든'을 사용할 때 선후행문의 주어가 일치해야 한다는 원칙에 어긋나기 때문에 ④가 정답이다.

문제[2] 중 '았/었/였으면 좋다'라고 가정이나 희망을 표현할 때 일반적으로 '좋다'는 '좋겠다'나 '좋았다'로 쓰인다. 그러므로 ②는 틀린 문장이다. ('곤 하다'와 '다면서'에 관한 설명은 제5장 내용을 참조.)

문제[3]의 문맥을 파악해 보면 후행문은 선행문이 이루어지는 데 반드시 필요한 조건을 표현하고 있기 때문에 어미는 조건을 나타내는 ①을 써야 한다.

문제[4] '먹어보다'는 '음식 맛을 알 수 있다'의 조건이므로 정답은 ②이다.

说明　题[1]中的'-려거든'必须保持前后文的主语一致, 因此选择④。

题[2]中使用'았/었/였으면 좋다'这一形式来表示假设或希望时, 通常'좋다'以'좋겠다'或'좋았다'的形式出现, 因此②是错误的句子。('곤 하다'、'다면서'参照第五章)

不难看出, 题[3]的句子前后文应该是假设的关系, 因此应选①。

和上一道题类似, 题[4]中'음식 맛을 알 수 있다'是以'먹어 보다'为条件和前提的, 因此②是正确答案。

6. 양보관계의 어미(表示让步的词尾)

-아/어/여도, -더라도, -았/었/였자

양보관계의 어미는 많이 있는데 중급 한국어능력시험에서 '-아/어/여도, -더라도, -았/었/였자' 등이 주로 많이 나오고 있다.

表示让步关系的词尾有很多，但在这里我们只对历届中级韩国语能力考试里出现过的'-아/어/여도, -더라도, -았/었/였자'等词尾进行详细解释。

-아/어/여도　　　가정이나 양보의 뜻을 나타내는 연결어미이다.

表示让步。

(1) 선행문의 사실은 인정하지만, 후행문과는 관계가 없음을 나타낸다. 부사 '아무리'와 같이 쓰여, 뜻을 더욱 분명하게 나타내기도 한다.

表示即使出现前文的情况也对后文没有任何影响，通常和副词 '아무리'连用。相当于汉语中的'即使……也……'。

예문　내일 비가 <u>와도</u> 소풍을 가겠습니다.

　　　아무리 크게 불러도 그 사람은 대답하지 않았어요.

　　　배가 <u>고파도</u> 혼자다 먹을 수는 없지요.

(2) 뒤에 '좋다, 괜찮다, 되다'등과 결합되어 선행문의 내용을 허용하거나 상대방의 의향을 묻는 뜻이 있다.

后文与'좋다, 괜찮다, 되다'等单词连用表示对前文内容的许可，后文如果是疑问句就表示对前文的内容询问对方的意见。

[예문] 지금 집에 <u>가도</u> 좋습니다.

서울역에 가려면 이 버스를 <u>타도</u> 됩니다.

좀 <u>매워도</u> 괜찮아요?

의문문에 쓰여 상대의 허락을 구하는 경우에는 그에 대한 대답이
부정이면 다음과 같이 해야 한다.

对于这种疑问句，回答的方式如下：

[예문] 좀 <u>매워도</u> 괜찮아요?

네, <u>매워도</u> 괜찮아요.

아니오, <u>매우면</u> 안 돼요.

내일 아침에 늦게 <u>일어나도</u> 됩니까?

네, 늦게 <u>일어나도</u> 됩니다.

아니오, 늦게 <u>일어나면</u> 안 돼요.

- 더라도

선행문의 내용을 가정하여 인정하지만, 결과적으로는 후행문의 내
용이 되어야 함을 의미한다. '아무리'등의 부사와 함께 쓰이기도
한다.

同样表示让步，但语气要比'-아/어/여도'强。通常和'아무리'等副
词连用。

[예문] 아무리 일이 <u>어렵더라도</u> 도중에 포기해서는 안 돼요.

아무리 자신이 <u>있더라도</u> 충고를 듣는 게 좋을 겁니다.

아무리 고생이 <u>되더라도</u> 참고 견디며 살아 보겠습니다.

'-더라도'앞의 동사에 과거시제가 쓰여 양보를 나타내기도 한다.

有时也在'-더라도'之前添加表示过去时的词尾。

[예문] 날씨가 좋지 <u>않았더라도</u> 떠났을 거야.

就算天气不好，我们也会走的。(事实上走的时候天气好。)

오전에 동생한테 <u>전화했더라도</u> 찾지 못했을 거예요.

上午就算给弟弟打电话了也找不到他。(事实上没打电话。)

-았/었/였자

일반적으로 시도의 의미를 나타내는 '-아/어/여 보다'에 '자'가 연결된 형태로서 선행문의 내용을 시도해도 기대에 미치지 못함을 나타낸다.

这个词尾通常和表示意图的惯用型'-아/어/여 보다'连用，表示"即使尝试了某件事也没有用"的意思。

[예문] 부탁해 <u>봤자</u> 도와줄 사람도 아닌데, 뭐.

운전을 배워 <u>봤자</u> 자동차도 없는데요, 뭐.

매달 용돈을 받아 <u>봤자</u> 버스 타고 쇼핑 한 번 하면 다 없어져요.

[1] 다음 (   )에 알맞은 것을 고르십시오.

> (   ) 한국말겨루기대회에 꼭 참석해 주시기 바랍니다.

① 바쁘셨어도　　② 바쁘시면야

③ 바쁘시더라도　　④ 바쁘시더니만

[2] 다음 (   )에 알맞은 것을 고르십시오.

> 비록 이 일에 (   ) 실망하지 말고 다시 도전하세요.

① 실패해서　　② 실패하려고

③ 실패해도　　④ 실패하거든

[3] 밑줄 친 부분이 바르게 사용된 문장을 고르십시오.

① 요즘은 대학교를 <u>졸업해야</u> 취직하기도 힘들다.

② 병이 악화되어 이제는 수술을 <u>해 봤자</u> 소용이 없다고 한다.

③ 그 사람과 <u>이야기해 봐도</u> 그 사람에 대한 오해를 풀 수 있었다.

④ 여기저기 <u>다녀봐야</u> 우리 고향이 살기 좋은 곳이라는 것을 알았다.

설명 문제[1]의 뜻을 봐서 양보를 나타내는 ①과 ③만 들어갈 수 있는데 '아/어/여도'의 앞에 시제를 표현하는 어미를 붙일 수 없기 때문에 ③은 정답이다.

문제[2] 중 부사 '비록'과 같이 쓰는 어미는 대립이나 양보를 나타내는 어미이므로 정답은 ③이다.

문제[3] '아/어'여야'는 조건을 나타내는 어미로 선행문은 후행문이 이루어지는 조건을 나타낸다. 그러므로 ①과 ④는 해석이 불가능하고 ③ 중 '아/어/여도'는 양보관계를 나타내는데 의미상 후행문의 '풀 수 있었다'와 모순되므로 정답은 ②이다.

说明 从句意上判断, 题[1]中可以表示让步的①和③可以作为备选项, 由于'아/어/여도'之前不跟时态词尾, 因此③是正确答案。

题[2]中的副词'비록'通常跟表示让步或转折的词尾连用, 因此正确答案为③。

题[3]'아/어여야'作为表示条件关系的词尾, 其连接的前后文必须满足前文内容是后文内容的前提这一条件, 因此①和④在句意上无法解释。③中表示让步的'아/어/여도'与后文出现的'풀 수 있었다'发生矛盾, 因此正确答案是②。

7. 의도·목적관계의 어미(表示意图·目的的词尾)

-(으)러, -(으)려고, -고자

-(으)러

동사 어간 뒤에 붙여 의도나 목적을 나타내며 일반적으로 뒤에
'오다, 가다, 나오다, 나가다' 등 방향을 나타내는 동사와 결합해
쓴다.

与动词词干相连, 后文的谓语由'오다, 가다, 나오다, 나가다'等表示
趋向的动词来充当。

[예문] 여기에 누구를 <u>만나러</u> 왔어요?
<u>공부하러</u> 도서관에 갔어요.
<u>쇼핑하러</u> 나왔다.

-(으)려고

동사 어간 뒤에 붙여 의도나 목적을 표현하는데 후행문의 술어도
역시 동사로 제약되어 있으며 선후행문의 주어는 일치해야 한다.
단, 후행문의 술어가 되는 동사는 광범위적이다.

与动词词干相连表达意图、目的, 后文的谓语只能由动词来充
当, 而且要保持前后文主语一致。后文的谓语动词的种类不限。

[예문] 한국말을 <u>배우려고</u> 한국어학당에 다닙니다.
부모님께 <u>드리려고</u> 선물을 샀습니다.
여행 <u>가려고</u> 기차를 탔습니다.
돈이 생기면 친구들한테 한턱을 <u>내려고</u> 합니다.

-고자

동사 어간에 붙여 의도나 희망을 나타낸다. 일반적으로 '-고자 하다'
의 형식으로 많이 쓰인다.

与动词词干相连表示意图或希望，通常以'-고자 하다'的形式
出现。

 그 분은 <u>출세하고자</u> 하는 의욕이 아주 강해요.

학생들은 누구나 원하는 대학에 <u>편입하고자</u> 최선을 다해요.

휴가를 얻어 중국에 가서 좀 <u>쉬고자</u> 합니다.

보충설명 补充说明

(1) 이상과 같이 설명한 세 가지 어미는 선행문에 시제어미를 사용하지 못 한다.
以上三个词尾都不能与时态词尾连用。

    [예문] <u>공부했으러</u> 도서관 자습실에 갔다. (×)

            <u>공부했으려고</u> 도서관 자습실에 갔다. (×)

            <u>공부했고자</u> 도서관 자습실에 갔다. (×)

(2) '-(으)러'의 후행문에 부정형식이 제약되어 있는 반면에 다른 두 가지 어미는 이런
제약이 없다.
'-(으)러'的后文不可以跟否定句，但是其他两个词尾可以。

    [예문] 수업이 끝난 후에 <u>공부하려고</u> 기숙사에 안 갔다. (○)

            수업이 끝난 후에 <u>공부하러</u> 기숙사에 안 갔다. (×)

(3) '-(으)려고, -고자'의 후행문에 명령문, 청유문이 제약되어 있다.
'-(으)려고, -고자'的后文不可以出现命令句、共动句式。

    [예문] 새 구두를 <u>사러</u> 마산 신세계백화점에 가자. (○)

            새 구두를 <u>사려고(고자)</u> 마산 신세계백화점에 가자. (×)

[1] 다음 밑줄 친 부분과 의미가 비슷한 것을 고르십시오.

> 식사 조절만으로 체중을 <u>줄이고자</u> 하는 것은 몸에 안 좋아요.

① 줄이곤
② 줄이라고
③ 줄이려고
④ 줄이기로

[2] 다음 밑줄 친 부분이 맞는 것을 고르십시오.

① 부모님께 <u>드리러</u> 주말에 선물 샀어요.
② 부모님께 드릴 <u>선물을 사려고</u> 주말에 백화점에 가자.
③ 방학 중 아르바이트 <u>하러</u> 고향에 안 갔다.
④ 방학 중 아르바이트 <u>하고자</u> 한다.

설명 문제[1]의 네 가지 선택사항 중 '고자'와 같이 의도를 나타내는 것은 ③뿐이다.

문제[2] '러'의 후행문에 사용되는 동사가 제한돼 있으므로 '사다'와 결합해 사용할 수 없다. ② 중 '려고'의 후행문에 청유문, 명령문이 제약돼 있기 때문에 ②도 틀렸다. 그리고 ③은 '러'의 후행문에 부정형식이 제약되므로 ③도 역시 틀린 문장이다. 그러므로 정답은 ④이다.

说明 题[1]中的划线部分词尾表达意图、目的，而四个选项中只有③与之相符。

题[2]：'러'这个词尾的后文中不可以使用动词'사다'，并且一般后文中也不出现否定形式，因此第一、三选项都是错误的；'려고'的后文中不应该出现命令、共动句式，因此第二句也是错误的。所以答案是④。

8. 결과관계의 어미(表示结果的词尾)

■ -도록, -게

-도록

(1) 동작이나 상태의 정도를 나타낸다.

表示动作的状态或程度。

[예문] 가슴이 <u>아프도록</u> 슬펐다.

목이 <u>터지도록</u> 노래를 불렀다.

보는 사람이 <u>눈부시도록</u> 화장을 했다.

(2) 동작이 어느 기간 계속되어 시간상의 어느 경계에 이름을 나타낸다.

表达动作经过一段时间的持续到达某个时间点。

[예문] 어제 <u>밤새도록</u> 공부를 했습니다.

밤이 <u>깊도록</u> 친구와 이야기를 했다.

나뭇잎이 <u>떨어지도록</u> 남편을 기다렸다.

(3) 의식적으로 이끌어가는 방향이나 목표를 나타낸다.

表示要达到的目标。

[예문] 교통사고가 나지 <u>않도록</u> 조심하십시오.

학생들이 이해할 수 <u>있도록</u> 쉽게 설명해 주십시오.

나무가 잘 <u>자도록</u> 정성껏 돌봐 줍니다.

(4) '하다'와 결합해 어떤 상태에 도달하기 위한 동작을 나타내는
어미로도 쓰인다.

在句尾与'하다'连用表示为了达到某种目的。

예문 배가 고프면 식사하도록 해요.
　　　이제부터 열심히 공부하도록 하겠습니다.
　　　내일 아침에 일찍 일어나도록 하세요.

-게　　　　(1) 목적의 의미를 나타낸다.

前文内容是后文的目的。

예문 멀리서도 잘 들리게 큰 소리로 말했다.
　　　사고가 나지 않게 조심해야 한다.
　　　자는 사람이 깨지 않게 조용히 해 주세요.

(2) 상태나 정도를 나타낸다. 보통 형용사나 동사 어간 뒤에 붙여
부사형이 된다.

表示状态或程度。这种用法有时也可以理解为该词尾添加在动词
或形容词之后作句子中的副词性成分。

예문 방을 예쁘게 꾸미었다.
　　　밤늦게 잤다.
　　　그 사람은 성실하게 살아왔다.

(1) 두 가지 어미는 다 동작의 정도를 나타낼 수 있는데 '도록'은 시간을 경과하여 어느 한계에 이르렀음을 나타내고 '-게'는 단순히 정적인 상태를 나타낸 것이다. 이럴 때 일반적으로 '도록'은 형용사와 결합할 수 없는데 시간의 경과를 나타낼 수 있는 형용사와 같이 쓸 수 있다.
两个词尾都可以表示动作的程度，但'도록'表示的是动作持续至某一时间点或者到某中极限，而'-게'只是表示单纯的状态或程度。一般来说，'도록'不与形容词相连，但本身具有时间色彩的形容词除外。

[예문] 밤늦도록 공부를 했습니다.(밤늦을 때까지 공부했다.)
밤늦게 공부를 했습니다.(밤늦을 때에 공부를 했다.)

밤이 깊도록 친구와 이야기를 했다. (○)
(밤이 깊을 때까지 친구와 이야기를 했다.)
밤이 깊게 친구와 이야기를 했다. (✕)

예쁘게 화장을 했다. (정도. ○)
예쁘도록 화장을 했다. (✕)

(2) 두 어미는 시제어미와 결합해 사용할 수 없다.
两个词尾都不可以和表示时态的词尾连用。

[1] 다음 (　　)에 알맞은 것을 고르십시오.

> 가: 혼자 생활하기 힘들지요?
> 나: 네. 아파서 혼자 누워 있을 때는(　　　　)
> 　　 운 적도 있어요.

① 밤새도록
② 밤새우려고
③ 밤새울수록
④ 밤새우니까

[2] 다음 밑줄 친 부분과 의미가 비슷한 것을 고르십시오.

> 룸메이트가 잘 <u>자게</u> 조용히 좀 해 주세요.

① 자려면
② 자면서
③ 자도록
④ 자니까

설명 문제[1]중 빈칸에 '울다'의 정도를 나타내는 내용이 들어가야 되는데 선택 사항 중 정도를 표현할 수 있는 것은 ①밖에 없으므로 ①은 정답이다.

문제[2] 중 밑줄 친 부분은 선행문으로써 후행문이 도달하고자 하는 목적을 나타내는 내용이다. 그러므로 목적을 표현할 수 있는 ③은 정답이다.

说明 题[1]的空格部分应该补充与'울다'的程度相关的内容，而可以表示程度的答案只有①。

题[2]划线部分表达前文是后文要达到的目的，因此必须选表示目的的词尾③。

9. 시간관계의 어미(表示时间关系的词尾)

-자, -면서

   시간관계를 나타내는 어미는 시간상으로 순차적, 혹은 동시로 발생하는 동작을 이어주는 많은 어미를 포함하고 있는데 중급 한국어능력시험에서 나온 어미는 '-아/어/여서('인과관계의 어미'를 참조), -고('병렬관계의 어미'를 참조), -자, 면서' 등이 있다.

   这类词尾表示先后或者同时发生的两个动作，在中级韩国语能力考试中，常出现的表示时间关系的词尾有'-아/어/여서(参照'表示因果关系的词尾'), -고(参照'表示并列关系的词尾'), -자, 면서'等。

-자

뒤의 동작이 시간적으로 앞선 동작에 바로 잇달아 계속됨을 나타낸다. 습관적으로 '-자마자'로도 쓰인다.

表示前一个动作结束后马上发生后一个动作，有时也用'-자마자'这种形式。

[예문] 마산 시외버스터미널에 <u>도착하자마자</u> 친구에게 전화하겠습니다.
배가 고파서 집에 <u>오자마자</u> 저녁을 먹었습니다.
친구가 집을 <u>사자</u> 집값이 오른 거예요.

-면서

어떤 두 가지의 동작이나 상태가 동시에 일어나거나 동작이 순간적으로 계속하여 일어남을 나타낸다. 선행문과 후행문의 주어가 동일해야 한다.

表示两个动作同时进行。前后文的主语须保持一致。

[예문] 그 아이는 큰 소리를 <u>지르면서</u> 울었어요.
밥을 <u>먹으면서</u> 재미있는 이야기를 했습니다.
주인은 <u>웃으면서</u> 손님을 맞아주었습니다.

[1] 다음 밑줄 친 부분과 의미가 비슷한 것을 고르십시오.

> 학교가 <u>발전해 감에 따라</u> 기숙사 시설도 좋아지고 있다.

① 발전해 가면서
② 발전해 간다고 해도
③ 발전해 가는 데 반해
④ 발전해 감에도 불구하고

[2] 다음 밑줄 친 부분과 의미가 비슷한 것을 고르십시오.

> 수업이 <u>끝나는 대로</u> 이길연 교수님 연구실에 가세요.

① 끝났으니까
② 끝나더라도
③ 끝나자마자
④ 끝나기 전에

설명 문제[1]의 밑줄 친 부분은 '발전하는 동시에'라는 뜻이다. 선택 사항 중 ①만 이런 의미를 가지고 있으므로 정답은 ①이다.

문제[2] 중 '-는 대로'는 '-자마자'와 같이 선행문의 동작이 끝나는 즉시에 바로 후행문의 동작이 일어나는 의미를 가지고 있다. 따라서 정답은 ③이다.

说明 题[1]的划线部分表达的是"随着科学的发展",也就是说科学发展的同时的意思,可以表达后文的动作与前文的动作同时发生的词尾只有①。

题[2]中'-는 대로'与'-자마자'相同,表示前文动作结束后马上进行后文的动作,因此答案为③。

10. 상황관계의 어미(表示提示·说明的词尾)

-ㄴ/은/는데, -더니

-ㄴ/은/는데

앞부분에 대립관계 어미로써의 '-ㄴ/은/는데'를 설명했는데 여기서 후행문의 내용을 끌어내기 위하여 직접적으로나 간접적으로 관련될 만한 상황을 설명할 때 쓰는 연결어미의 역할을 소개할 것이다.

之前已经对表示转折关系的'-ㄴ/은/는데'做过介绍，在这里，将对它在起到提示、说明作用时的用法和特点加以详细说明。为了引起后文的话题，在前文中给出直接或间接的根据或说明，此时使用'-ㄴ/은/는데'来连接前后文。

[예문] 비가 <u>오는데</u> 우산이 있습니까?

제가 책을 읽고 <u>있는데</u> 좀 조용히 해 주세요.

그 사람은 잘 <u>생겼는데</u> 왜 싫어합니까?

-더니

선행문에는 과거의 경험을 바탕으로 하는 근거를 제시하고 후행문은 그 결과에 이르렀음을 나타내는 어미이다.

表示前文的内容引起后文的结果，前文的内容通常是说话人对某种经历的回想。

(1) 화자가 실제로 과거에 직접 경험한 사실이나 그 사실에 대한 회상을 바탕으로 하여 계속적으로 일어나는 후행문의 내용에 대한 근거나 원인을 제시한다. 주어는 보통 2, 3인칭이다.

说话人根据过去的经历给出一个提示，引起后文的内容。主语使用二、三人称。

예문 연습을 열심히 <u>하더니</u> 이젠 꽤 잘 하는군요.

그 아이가 과식을 <u>하더니</u> 배탈이 났네요.

그녀가 편지를 <u>읽더니</u> 울기 시작했어요.

이런 경우에는 후행문의 내용이 시간의 흐름에 따라 선행문의 내용이 변화된 것을 강조하기도 한다.

这种用法也多用来表示前文的内容经过一段时间，变化成后文的内容。

예문 합성동이 <u>주택지더니</u> 지금은 상가로 꽉 찼군요.

바람이 <u>불더니</u> 이제 비까지 오네요.

어렸을 때 늘 <u>울더니</u> 아주 어른스러워졌어요.

때로 '-더니' 뒤에 한정의 뜻이 있는 조사인 '만'을 붙여 더 강조하는 뜻을 표현한다. 주어가 역시 2, 3인칭이다.

有时在'-더니'后添加表示限定的助词'만'来表示强调，此时的主语仍是二、三人称。

예문 한번 <u>오더니만</u> 다시는 오지 않았습니다.

방금 도와준다고 <u>하더니만</u> 지금 사라지고 안 보이네요.

동생이 술을 한잔 <u>하더니만</u> 기분이 매우 좋아졌어요.

(2) 앞에 과거시제 어미인 '-았/었/였'이 붙어 실제로 경험한 사건의 완료적 결과가 계속적으로 이어지는 후행문의 근거나 원인이 됨을 설명해 준다. 이럴 때 주어는 1인칭이며 선후행문의 주어가 대개 다르다.

与表示过去时态的词尾'-았/었/였'连用表示提示，此时主语使用第一人称，而且通常前后文的主语不同。

예문 내가 학교에 일찍 <u>갔더니</u> 그가 벌써 와 있었습니다.

그 분을 <u>만났더니</u> 무척 반가워하시더군요.

어제 옷을 한두 벌 <u>샀더니</u> 한 달 용돈이 다 떨어졌네요.

[1] 다음 밑줄 친 부분이 맞는 것을 고르십시오.

① 비가 <u>그치고 나면</u> 하늘이 맑아졌다.
② 내가 머리가 <u>아팠다지만</u> 친구가 약을 지어다 줬다.
③ 집에 서둘러 <u>갔더니</u> 어머니가 막 집을 나서고 계시더군요.
④ 이 방은 할아버지께서 <u>쓰셨더니</u> 지금은 제가 <u>쓰고</u> 있어요.

[2] 다음 밑줄 친 부분 중 틀린 곳을 고르십시오.

<blockquote>
무엇이든지 노력하기에 ①<u>달렸다</u>는 말을 자주 하는 친구가 있다. 얼마 전부터 테니스를 배우기 시작한 그 친구는 테니스장에서 매일 살다시피 ②<u>연습했더니</u> 두 달만에 선수처럼 잘 ③<u>치게 되었다.</u> 정말 노력의 힘이 ④<u>큰가 보다.</u>
</blockquote>

설명 　문제[1]의 ① 문장 중 '-면'이 나와서 가정이나 조건을 나타내는데 후행문의 과거시제와 맞지 않다. ② 문장은 '내가 머리가 아팠다'는 사실과 '친구가 약을 지어다 줬다'는 내용과 대립관계가 아니므로 '-지만'을 사용하는 것은 적당하지 못하다. 또 ④ 중 '-았/었/였더니'의 주어는 1인칭이어야 하는 원칙에 어긋났다. 그러므로 정답은 ③이다.

　문제[2]중 ②의 주어인 '그 친구'는 3인칭이므로 '-더니'를 사용해야 한다.

说明 　题[1]的第一句中出现了表示假设或条件的'-면'，而后文却使用了与之不符的过去时；第二句'내가 머리가 아팠다'与'친구가 약을 지어다 줬다'构不成转折关系，因此使用转折关系词尾是不正确的；第四句中的'-았/었/였더니'的主语应该是第一人称，因此答案为③。

　题[2]中第二个选项划线部分的主语是第三人称的'그 친구'，因此不应该添加过去时词尾而应该使用'-더니'，正确选项为②。

11. 전환관계의 어미(表示动作转换的词尾)

■ -다가

-다가

(1) 계속된 상태나 동작이 중단되고 다른 동작으로 바뀌거나 새로운 일이 생기는 것을 나타낸다. 때로는 '-다'만으로 쓰이기도 한다.

表示中断一直持续的一个动作而转做其他动作，或从一直持续的状态转入另一个新的状态，有时也省略为'-다'。

[예문] 학교에 <u>가다가</u> 우연히 친구를 만났어요.
소설을 <u>읽다가</u> 친구하고 같이 영화 보러 나갔습니다.
어젯밤에 텔레비전을 <u>보다</u> 잠에 들었습니다.

(2) 과거 또는 완료를 나타내는 '-았/었/였'이 앞에 오면, 선행문의 동작이 완료되어 중단되었음을 뜻한다. 그리고 이 문형은 선행문과 후행문의 내용이 서로 상반될 때 잘 어울린다.

与过去时态词尾'-았/었/였'连用，表示之前的动作结束后转入下一个动作，通常前后文的内容相反。

[예문] 약속을 <u>했다가</u> 취소할 수 있습니까?
물건을 <u>샀다가</u> 마음에 안 들면 교환이 가능합니까?
눈을 <u>떴다 감았다</u> 해 보세요.

[1] 다음 밑줄 친 부분과 바꾸어 쓸 수 있는 것을 고르십시오.

> 가: 꽃이 참 예쁘네요. 누구에게서 받은 거예요?
> 나: 받은 게 아니에요. <u>오는 길에</u> 예뻐서 산 거예요.

① 오기로
② 오다가
③ 오느라고
④ 오기 위해

[2] 다음 밑줄 친 부분 중 틀린 것을 찾아 바르게 고쳐 쓰십시오.

> 조금 전에 학교에 ①<u>왔다가</u> 길에서 우연히 동창을 만났어요. 중학교 ②<u>다닐</u> 때 같이 자주 놀던 친구인데 오랜만에 만나서 반가웠어요. 하지만 학교에 ③<u>오는 길이어서</u> 다음에 다시 ④<u>만나자고</u> 했어요.

설명   문제[1] 중 '는 길에'는 어떤 동작이 진행되는 과정 중이라는 뜻을 나타내므로 선택 사항 중 비슷한 의미를 가진 어미는 ②밖에 없다. 따라서 정답은 ②이다.

문제[2]의 '다가'가 과거시제와 같이 나온 경우에는 앞 동작이 끝났다는 뜻을 나타내므로 후행문의 내용과 맞지 않다. 과거시제가 없는 '-다가'를 써야 한다. 따라서 정답은 ①이다.

说明   题[1]中划线部分'는 길에'的含义是'在……途中'，能表达相近的意思的只有选项②。

题[2]: 当'다가'与过去时连用时，表示前一个动作结束转入另外一个动作，而第一个选项和这个原则不符，因此这道题选①。

12. 비례관계의 어미(表示比例关系的词尾)

-ㄹ/을수록

-ㄹ/을수록 어떤 동작이나 상태가 더해 감을 나타낸다.

表示动作或状态的程度加强，相当于汉语中的"越来越……"。

[예문] 한국말은 <u>공부할수록</u> 재미있어요.

바쁠수록 운전은 조심해야 합니다.

그 분은 <u>만날수록</u> 좋은 사람인 것 같아요.

때로 '-(으)면'과 결합하여 정도가 더해 감을 더 강하게 표현한다.

有时和'-(으)면'连用，表示强调。

[예문] 여행을 <u>하면 할수록</u> 견문이 넓어집니다.

날씨가 <u>추우면 추울수록</u> 사람들이 옷을 많이 입게 됩니다.

부모는 다 자기의 자녀를 <u>보면 볼수록</u> 좋아합니다.

[1] 다음 (   )에 알맞은 것을 고르십시오.

> 가: 벌써 영주 씨 아버님이 돌아가신 지 2년이 되었네요.
>
> 나: 네. 그때 일은 (   ) 마음이 아파요.

① 생각하고도
② 생각하고는
③ 생각한 대로
④ 생각할수록

[2] 다음 (   )에 알맞은 것을 고르십시오.

> 가: 아이를 키우는 일이 여간 힘든 일이 아니네요.
>
> 나: 그렇죠. 아이가 (   ) 점점 더 힘들어지는 것 같아요.

① 커 가도록
② 커 가더니
③ 커 갈수록
④ 커 가는 대

설명 문제[1], [2]의 정답은 ④와 ③이다. 비례관계의 어미를 출제한 경우에 보통 후행문의 '더, 더욱' 등 부사나 '-아/어/여지다', '-게 되다' (제4장을 참조) 등 어미와 같이 정도의 더해 감을 나타내는 내용을 어울려 사용한다.

说明 这两道练习题的答案分别为④和③。在使用比例关系词尾的后文中常常会出现与'더, 더욱'相似的副词或表示变化的词尾'-아/어/여지다', '-게 되다' (参照第四章内容)。掌握了这个规律，对考试中解题速度或多或少的有一些帮助。

[1~4] (   )에 알맞은 내용을 고르십시오.

[1] 아이들이 정직하고 건강하게 자랄 수 (   ) 잘 보살펴야 해요.

① 있을 만큼   ② 있으라고   ③ 있더러   ④ 있게끔

[2] 친구가 새로 사귄 남자친구를 소개한다고 해서 (   ) 아는 사람이더라.

① 만났더니   ② 만났으니까   ③ 만나고 나면   ④ 만날수록

[3] 가: 얼굴이 밝아 보이네요.
　　나: 매일 아이들과 (   ) 슬픔도 잊게 되는 것 같아요.

① 같이 있다 보니   　② 같이 있는 한
③ 같이 노느니   　　④ 같이 있기만 해도

[4] 가: 시간이 다 됐는데 기차가 움직이지 않네요.
　　나: 기차가 고장 나서 30분 더 (   ) 비로소 출발할 수 있대요.

① 기다리면   ② 기다려도   ③ 기다려야   ④ 기다리도록

[5~6] 다음 밑줄 친 부분과 의미가 비슷한 것을 고르십시오.

[5] 가: 내가 빌려준 책을 다 읽었어?
　　나: 아니. 너무 재미없어서 <u>읽다 말았어.</u>

① 다 읽지 말라고 했어   　② 다 읽어야겠어
③ 다 읽었어.   　　　　④ 읽다가 그만 두었어

[6] 가: 이번 모임에서 이 과장을 만날지도 몰라요.

　　나: 혹시 이 과장을 <u>만났으면</u> 안부를 전해 주세요.

　　① 만나게 되면　　　　　　② 만났더라면

　　③ 만났다고 하면　　　　　④ 만날 수 있었으면

[7~10] 다음 밑줄 친 부분 중 맞는 것을 고르십시오.

[7] ① <u>늦을 것 같아서</u> 택시를 타고 갈래요?

　　② <u>야단을 맞을까</u> 봐 걱정했는데 아무 일도 없었어요.

　　③ <u>배가 고플 텐데</u> 빨리 집에 가서 밥을 먹겠어요.

　　④ 미경 씨는 <u>신입사원 때문에</u> 회사 규칙을 잘 모른다.

[8] ① 만났으니까 다행이에요. 조금만 늦게 왔더라면 못 <u>만날 뻔해요.</u>

　　② 지나치게 살을 빼는 것은 건강에 <u>해로워서</u> 하지 마세요.

　　③ 오늘 하루 종일 <u>게임실에 가고</u> 놀았어요.

　　④ 날씨가 <u>추워진다고 했으니까</u> 옷을 많이 입으세요.

[9] ① 강미와 나는 <u>동창생이자</u> 같은 고향 사람이다.

　　② 운강 씨가 문을 열어 놓은 채로 <u>잤더니</u> 감기가 들었어요.

　　③ 책을 사려고 서점에 <u>갔다가</u> 우연히 친구를 만나서 책도 못 샀어요.

　　⑤ 설사 비가 <u>오더라도</u> 경기는 예정대로 했을 거야.

[10] ① 홈플러스에 <u>가다가</u> 9시쯤에 돌아오겠어요.

　　② 강의에 <u>집중하다 보니까</u> 시간이 가는 줄 몰랐어요.

　　③ 시험을 준비하느라고 어제 오후 3시부터 <u>밤늦게</u> 공부했다.

　　④ 자기밖에 모르는 사람에게 도움을 <u>청해 봤자</u> 도와줄지도 몰라.

관형형 어미
（规定词尾(冠型形词尾)）

어미의 하나로 동사나 형용사의 어간에 붙어 명사를 수식하는 기능을 한다. 관형형 어미는 시제를 나타내는 기능도 아울러 지니고 있으며 품사에 따라 달리 나타난다.(표 [3-1])

표[3-1]

구분	동사	형용사	있다/없다	이다
현재(혹은 지속)	-는	-(으)ㄴ	-는	-ㄴ
과거(혹은 완료)	-(으)ㄴ	-았/었/였던	-었던	-었던
미래(혹은 추측)	-(으)ㄹ	-(으)ㄹ	-을	-ㄹ
회상	-던	-던	-던	-던

현재, 과거 그리고 미래를 나타내는 관형형 어미는 본 교재 초급 한국어능력시험 문법에서 설명했으므로 여기서 다루지 않을 것이며 중급 한국어능력시험의 어휘 문법 영역에서 많이 언급되고 있는 회상을 표현하는 어미'-던'에 대해 자세히 설명할 것이다.

规定词尾中的冠型形词尾是指添加在动词或形容词词干之后，用来修饰名词的词尾。这类词尾可以按时态分为几种（详见表[3-1]）。单纯表示现在、过去、将来时态的几个词尾已经在本教材的初级部分有所涉及，在此不再做详细说明。在这里，我们将一起学习在中级韩国语能力考试中常出现的冠型形词尾'-던'。

-던	(1) 과거에 지속된 상태나 반복된 동작, 습관, 완료되지 않은 일에 대한 회상을 나타낸다.
	表示过去一直持续、反复发生的动作、习惯，或者未完成的动作。

[예문] 이거 누가 <u>먹던</u> 사과야?

여기에 <u>살던</u> 사람이 어제 이사 갔어요.

이 음악은 내가 자주 <u>듣던</u> 곡입니다.

(2) '-았/었/였'과 결합하여 많이 사용하기도 한데 앞 동작이나 상태가 이미 완료된 것이며 경험을 강조하는 것이다. 보통 동사인 경우에는 전에 한 번에 끝난 동작과 같이 쓰고 형용사와 같이 쓰면 발화시부터 오래 전의 상태나 경험을 강조한 것이다.

当这个词尾与过去时态词尾连用时，意义发生了一些变化。此时表示之前的动作或状态已完全结束。通常用来形容一次性的动作或者离说话时很久之前的事情。

[예문] 어제 <u>만났던</u> 사람을 오늘 또 만났어요.

며칠 전에 <u>갔던</u> 집인데 지금 찾을 수가 없네요.

젊었을 때 <u>예뻤던</u> 얼굴이 이젠 주름살이 생겼어요.

학생<u>이었던</u> 나는 5년 전부터 직장을 다니게 됐어요.

보충설명 补充说明

　이상과 같이 (1)과 (2)의 차이점은 (1)은 동작의 반복을 강조하고 (2)는 보통 한 번에 끝난 동작을 나타내며 선행문에서 나온 동작이나 상태를 표현할 때 (2)는 (1)보다 훨씬 전에 완료된 동작을 나타낸다.

　以上两种用法的不同之处在于： (1)过去修饰反复发生的动作，而(2)是只发生过一次的动作；而且(1)修饰的是一直持续到说话时为止的动作或状态，而(2)通常修饰已经结束了的动作。

[예문] 큰 소리로 <u>울던</u> 아이가 어머니를 보더니 울음을 그쳤습니다.

('울음'一直持续至见到妈妈)

어렸을 때 많이 <u>울었던</u> 아이가 이젠 어른이 되었다.

('울다'在'어른이 되었다' 前已经结束很长时间)

[1] 다음(   )에 알맞은 것을 고르십시오.

> 가: 어디 가서 점심 먹을까?
> 나: 그냥 어제 (   ) 집에서 또 먹자.

① 가는
② 가던
③ 갔을
④ 갔던

[2] 다음 밑줄 친 부분이 틀린 것을 고르십시오.

① 내가 <u>타던</u> 자동차를 다른 사람에게 팔았다.
② 얼마 전에 <u>가던</u> 집인데 도무지 찾을 수 없다.
③ 어머니께서 결혼식 때 <u>입으셨던</u> 드레스를 내게 주셨다.
④ 이 사진을 <u>찍었던</u> 장소가 기억납니까?

설명 문제[1]은 과거시제를 사용해야 하는 것을 쉽게 알 수 있다. 한번에 완료된 동작을 나와야 된다는 문맥에 맞춰 어미는 과거시제를 써야 한다. 따라서 정답은 ④다.

문제[2] 중 ③, ④ 문장은 한 번에 완료된 동작을 정확하게 나타내고 있고 ①은 발화시까지 계속 진행된 동작을 나타냈으므로 맞는 문장이다. ②는 '얼마 전'과 어울려 과거시제가 나온 '던'을 사용해야 하므로 정답은 ②다.

说明 不难看出，题[1]由于说话之前'가다'这个动作已结束，所以应该使用过去时态，因此正确答案为④。

题[2]中的第三、四个选项都正确表达了已结束的动作，第一句表达的是直到后文内容出现之前一直保持的状态和动作，因此也是正确的。而第二句中出现的'얼마 전'提示我们应该选择已经结束的过去时词尾来修饰谓语动词。因此答案是②。

[1~4] (   )에 들어갈 것을 고르십시오.

[1] 가: 도서관 2층에 가니까 작년에 자주 (   ) 중국인 유학생 PC방은 없어졌어요.
　　나: 없어진 것이 아니라 도서관 3층으로 옮겼어요.

　　① 가는　　　　　　　② 갈
　　③ 갔던　　　　　　　④ 가던

[2] 가: 젊었을 때 아주 (   ) 한 여배우가 지금 못 알아볼 정도로 늙었대요.
　　나: "세월이 칼이다"라는 말이 맞긴 맞나 봅니다.

　　① 예쁘던　　　　　　② 예뻤던
　　③ 예쁠　　　　　　　④ 예쁘곤 한

[3] 어제 (　　　　) 학생이 오늘 시험 볼 학생보다 많이 한가로운 것 같다.

　　① 시험을 보곤 한　　② 시험을 본
　　③ 시험을 보는　　　④ 시험을 봤을

[4] 한국어 실력이 향상되면서 처음에 한국에 왔을 때 저에게 (　　　) 한국말을 지금
　유창하게 구사할 수 있게 되었다.

　　① 어려운　　　　　　② 어려웠던
　　③ 어려울　　　　　　④ 어렵던

[5] 주어진 단어를 적당한 형식으로 바꿔 쓰십시오.

　　바닥에 (떨어지다) 연필을 주우려고 하다가 허리를 삐었다.

　　―――――――――――――――

관용문형
(惯用句型)

    앞에 다룬 문법 내용을 제외하고 중급 한국어능력시험에서 출제된 부분은 습관적으로 많이 사용되고 있는 문형들이다. 이러한 관용문형들은 객관식 문항에서도 많이 나타나지만 주로 주관식문제로 출제되고 있으며 수험생들에게 난이도가 높고 많이 틀린 부분이기도 한다. 여기서 중급 한국어능력시험에서 출제된 관용문형을 다시 한번 정리하고자 한다. 관용문형의 종류와 수량이 많은 관계로 여기서 그들을 분류해 다루고 있다. 하지만 이러한 분류는 어느 문법 체계에 따르는 것보다 쉽게 설명하고 독자 여러분의 이해를 돕기 위한 것임을 밝히고자 한다. 구체적으로 명사형 관용문형, 수식어의 진행, 결과, 반복, 유지, 희망과 생각, 상태, 원인, 대립, 비교 등 의미를 나타낸 관용문형으로 나눠 다룰 것이다.

    除了在此之前出现过的语法以外，在历届中级韩国语能力考试中都涉及到的还有惯用句型部分。有关惯用句型的题目在客观题中占有一定的比重，但比起在客观题中被涉及的频率，惯用句型更多的出现在主观题中，而且这一部分对于广大考生们来说，也是难点和易出错的部分。本书对历届中级韩国语能力考试中出现过的惯用句型进行了整理。由于惯用句型的种类繁多，数量可观，在这里笔者将其分为:名词类惯用句型、表示修饰语的进行、结果、反复、动作持续、愿望及想法、状态、原因、转折、比较等类别的惯用句型进行说明。但这种分类方法只是为了便于说明和帮助读者学习，是否科学还有待研究。

1. 명사형 관용문형(名词类惯用句型)

1) 것

-(으)ㄹ 걸 그랬다

회화체에서 많이 쓰이는 표현으로서 이루지 못한 지나간 일에 대한 후회를 나타낸다. 뒤에 '그랬다'를 생략하는 경우도 있다.

作为口语中常用的惯用句型之一，与动词连用，表示对未能实现的或已经过去的事情表示后悔，有时也省略后面的'그랬다'。

[예문] 등산 계획을 세우기 전에 미리 일기 예보를 들을 걸 그랬다.

속이 안 좋은데 점심을 굶을 걸 그랬어요.

오늘부터 연휴인 줄 알았더라면, 여행이라도 갈 걸.

-(으)ㄹ 것 없다

회화체에서 많이 쓰이는 표현으로 필요없다는 뜻으로 쓰이거나 금지를 나타낸다.

常用于口语中，与动词连用，表示没有必要做某件事或禁止做某件事。

[예문] 너무 걱정할 것 없어요.

그렇게 일찍 떠날 거 없잖아. 아직 시간이 있는데.

큰 소리만 칠 거 없이 직접 해결하세요.

[1] 다음 (   )에 알맞은 것을 고르십시오.

> 이번 연휴가 이렇게 긴 줄 알았으면 (   ).

① 갈까 해요.
② 가게 해요.
③ 가고 있어요.
④ 갈 걸 그랬어요.

[2] (   )에 들어갈 수 없는 것을 고르십시오.

> 가: 이빈 씨에게 다시 전화해야 하지 않을까요?
> 나: (   ). 어제 여러 번 얘기했어요.

① 전화할 필요 없어요.
② 전화하지 않아도 돼요.
③ 전화할 것 없어요.
④ 전화해야지요.

설명 '긴 줄 알았으면'은 가설의 뜻을 나타냈으므로 화자가 '연휴'가 긴다는 사실을 몰랐다는 뜻이다. 그러므로 후행문에 이 가설에 따른 과거에 대한 추측이나 아쉬움을 나타내는 내용이 들어가야 한다. 그러므로 정답은 ④이다.

문제 [2]는 '어제 여러 번 얘기했다'는 문구로 '나'가 전화를 할 필요가 없다고 주장하는 것을 알 수 있다. 그러므로 이런 의미를 표현하지 못하는 ④는 정답이다.

说明 '긴 줄 알았으면'表示假设，就是说实际上说话人没想到'假期会这么长'，由此可以看出，后文的内容应该是建立在这个假设基础上的对过去的推测或者遗憾，而第四个选项中的'갈 걸 그랬어요'所表达的含义正好与此相符，因此答案是④。

题[2]中因为'어제 여러 번 얘기했다'，所以'나'的想法应该是不需要再打电话了。四个选项中只有④不能表达这个含义，因此④是正确答案。

-(으)ㄹ 겸

두 가지 이상의 행위나 동작을 동시에 하는 경우에 쓰이는데 명사 사이에서 'A겸B'의 형식으로 쓰여, 동사에 '-(으)ㄹ 겸'형식으로 쓰인다.

并列两个以上的动作或事物，相当于汉语里的"兼"。与名词连用使用'A겸B'的形式，与动词连用时使用'-(으)ㄹ 겸'的形式。

예문 이 곳은 강당 겸 실내 체육관으로 쓰입니다.

이걸 책상 겸 밥상으로 샀어요.

살도 뺄 겸 건강을 위해서 운동을 시작했습니다.

구경도 할 겸 기분전환도 할 겸 여행을 떠나려고 합니다.

3)　관계

-ㄴ/은/는 관계로

명사나 동사, 형용사 어간에 붙여 선행문은 후행문의 원인이 되는 것임을 나타낸다. 명사는 'N관계로'의 형식으로, 동사나 형용사 뒤에 '-(으)ㄴ/는 관계로'의 형식으로 쓰인다.

用于名词、动词、形容词等谓语词干之后，表示前文的内容是后文内容的原因。与名词相连时使用'名词＋관계로'的形式，动词和形容词使用'-(으)ㄴ/는 관계로'的形式。

예문 공사 관계로 불편을 끼쳐 드려 죄송합니다.

우천 관계로 오늘 경기는 내일로 연기됐어요.

시간이 없는 관계로 용건만 말씀드리겠습니다.

예산이 부족한 관계로 공사가 중단되었어요.

오늘은 주말인 관계로 교통이 더욱 혼잡합니다.

[1] (　　)에 알맞은 것을 고르십시오.

> 가: 다음 주에 여행 다녀오실 계획이라면서요?
> 나: 네, (　　　) 제주도 갔다 오려고요.

① 기분 전환해 봤자
② 기분 전환했을까 봐서
③ 기분 전환도 할 겸해서
④ 기분 전환에도 무릅쓰고

[2] 다음 밑줄 친 부분과 의미가 다른 것을 고르십시오.

> 명문 학교에 들어가고자 하는 학생이 <u>많은 관계로</u> 입학 시험을 치기로 했다.

① 많기 때문에
② 많아서
③ 많으므로
④ 많은 바람에

설명　문제[1] 선택 사항 중 ①, ④는 선행문과 후행문의 대립을 나타내는 어미로 이 문장에 어울리지 못하다. ②는 후행문에 있는 내용이 일어나는 것을 원하지 않는 의미를 가지고 있으므로 역시 문맥에 안 맞다. 그래서 정답은 ③이다.

　문제[2] 밑줄 친 부분은 원인을 나타내고 있고 네 개의 선택 사항 중 사용되는 어미는 다 원인을 나타내는 어미인데 그 중에 ④ '바람에'는 동사에만 쓰이는 어미다. 그러므로 ④는 정답이다.

说明　题[1] 中①和④表示转折，不符合题中句子的语意。而②表示恐怕发生后文的内容，与本题中想要去旅行的环境不符。因此答案是③。

　题[2]：题中划线部分表示原因，而四个选项中使用的词尾都可以表示原因。但其中第四个选项中使用的'바람에'只能和动词连用，因此答案为④。

<table><tr><td>4)</td><td>김</td></tr></table>

-ㄴ/은/는 김에

선행문에 제시된 기회를 이용하여, 후행문의 동작이 이루어짐을 뜻한다. 따라서 선행문에는 후행문의 일이 일어나는 계기나 기회를 제시한다. 동사에만 쓰인다.

表示在前文的内容实现的同时顺便完成后文的内容，只和动词连用。

[예문] 고향에 <u>온 김에</u> 친구를 만나고 가겠어요.
생각난 <u>김에</u> 빨리 전화를 하세요.
이왕 <u>쓰는 김에</u> 한 장만 더 써 주세요.

<table><tr><td>5)</td><td>길</td></tr></table>

-는 길이다

'가다', '오다'와 같이 이동을 나타내는 동사의 어간에 붙여 쓰인다. 하나의 동작을 하는 과정에 다른 동작을 함을 나타낸다.

与'가다'、'오다'等动词连用，表示在前文动作进行的过程中进行后文的动作。

[예문] 합성동에 <u>가시는 길이세요?</u>
저는 지금 창신대학에 <u>가는 길입니다.</u>
창신대학에 <u>돌아오는 길에</u> 대동마트에서 물건을 샀어요.

[1] 다음 밑줄 친 부분 중 틀린 것을 고르십시오.

> 경상남도의 특급 호텔들은 주말에 손님이 ①<u>줄어드는 김에</u> 매출이 ②<u>감소하자</u> 여러 할인 혜택을 주는 주말 행사를 하고 있다. 그 중 하나로 그 동안 3만원에 팔던 식사를 ③<u>믿어지지 않을 정도로</u> 싼 가격에 판매하는 것이다. 이 ④<u>할인 행사를 통해</u> 호텔의 매출은 증가하고 있다.

[2] 다음 밑줄 친 부분과 바꿔 쓸 수 있는 것을 고르십시오.

> 가: 왜 늦었어요?
> 나: 학교에 <u>오다가</u> 친구를 만났어요.

① 오기로
② 오는 길에
③ 오느라고
④ 오기 위해

설명 문제[1]의 ①은 '매출이 감소하는' 원인을 나타내고 있는데 '-는 김에'는 원인의 의미를 가지고 있지 않다. 그러므로 ①은 정답이다.

문제[2] 중 밑줄 친 부분은 선행문의 동작이 진행되는 과정 중에 후행문의 동작으로 바꾸는 뜻이다. ①의 '-기로'는 선행문의 동작을 하자는 결심을 내렸다거나 다른 사람과 그렇게 하자고 약속을 한다는 뜻이다. ③은 원인, ④는 목적을 나타내고 있으므로 정답은 ②이다.

说明 题[1]的 第一个选项应该表示出 '매출이 감소하는' 的原因，而'-는 김에'不具备这种含义，因此答案是①。

题[2]的划线部分表示动作的转换，即在前文动作进行的过程中转入后文的动作。第一个选项表示决定做前文的内容或与他人约定一起做前文的内容；第三个选项表示因果关系；第四个选项表示目的，因此选择②。

<table>
<tr><td>6)</td><td>끝</td></tr>
</table>

-ㄴ/은 끝에

선행문의 동작의 결과가 후행문에 나타나게 되는데, 그 결과는 극히 당연한 결과이지만, 힘들게 노력한 대가로 얻어진다는 뜻이 강하다. 이 때 쓰이는 것은 동사로 제한되며, 명사수식어가 오기도 한다. 보통 뒤에 '에'를 붙이기도 한다.

表示前文动作的结果在后文中体现出来。这个结果是必然出现的，但用这个词尾表达达到这个结果的过程很艰辛。也可以修饰名词，通常和'에'连用。

[예문] 고생 끝에 낙이 온다는 말이 있습니다.
그 분이 과로 끝에 쓰러져서 삼성병원에 입원했습니다.
여기저기 헤맨 끝에 찾아냈어요.

<table>
<tr><td>7)</td><td>나름</td></tr>
</table>

-(기) 나름이다

명사나 동사 어간에 붙어 쓰이며 그 내용에 따라서 결과가 달리 나타날 수 있음을 뜻한다. 명사 어간에 바로 붙어 쓰이고 동사 어간에 '기 나름이다'는 형식으로 쓰인다.

用于名词和动词之后，表示根据前文内容的不同，结果也不同。修饰名词时直接加在名词后，修饰动词时使用'기 나름이다'的形式。

[예문] 책도 책 나름이라서 아무거나 읽으면 안 돼요.
칭찬을 받는 것은 본인이 하기 나름입니다.
많이 준비했기 때문에 먹기 나름이지만 음식이 모자라지는 않을 거예요.

[1] (　　)에 알맞은 것을 고르십시오.

> 한 달간 노력한 끝에 이 문제를 (　　　　).

① 해결해 냈다.
② 해결할 수 없었다.
③ 해결할까 말까 했다.
④ 해결할 줄 몰랐다.

[2] 다음 밑줄 친 부분과 바꿔 쓸 수 있는 것을 고르십시오.

> 모든 질병은 마음에서 온다는 말에 따르면 건강은
> <u>마음을 다스리기 나름이다.</u>

① 마음을 잘 다스려도 얻지 못 할 것이다.
② 마음을 잘 다스릴 수 있는지에 달려 있다.
③ 마음을 다스리는 것과 상관이 없다.
④ 마음을 다스릴 것 없이 얻을 수 있다.

설명　문제[1] 중 'ㄴ 끝에'는 당연한 것이지만 힘들게 노력한 대가로 얻어진 결과를 나타낸다. 따라서 정답은 '성공적으로 이루었다'는 뜻을 가진 ①이다.

문제[2] 중 밑줄 친 부분은 '마음을 다스리는 것에 따라 건강은 달리 나타날 수 있다'는 뜻이다. ③은 건강과 마음을 다스리는 것과 상관이 없다는 뜻을 나타내고 ④는 마음을 다스리지 않아도 얻을 수 있는 의미, ①은 마음을 잘 다스리는 것은 건강에 도움이 안 된다는 의미를 가지고 있으므로 ③과 똑같이 주장을 하고 있다. '마음을 다스리다'와 '건강'의 관계를 나타낸 ②가 정답이다.

說明　題[1] 中'ㄴ 끝에'表示必然出現的、经过艰辛的过程得到的结果。选项①表示成功完成某件事，与题意相符。因此正确答案是①。

题[2]的划线部分想要表达的意思是'能不能健康要看怎么调整自己的心态'。选项③表达健康和心态没关系的意思，①表示调整好心态也不能得到健康；④表示不去调整心态也能得到健康。只有选项②正确体现了'마음을 다스리다'和'건강'的关系，因此选择②。

선행문의 내용이 의미하는 상태나 모양과 같이, 또는 그에 따라서 즉시 후행문의
내용이 이루어짐을 뜻한다.

表示后文的内容如同前文的内容一样，或者随着前文内容发生后文的内容。

-N은 N 대로　　　같은 명사를 반복시켜서 뒤에 '대로'를 붙이면 '따로'의 뜻을 나타
　　　　　　　　낸다.

　　　　　　　　同一个名词反复使用后添加'대로'，表示'따로'的含义。

　　　　　　　　[예문] 학생들은 학생들대로 각자 자기 생각을 갖고 있습니다.
　　　　　　　　　　　 큰 것은 큰 것대로 작은 것은 작은 것대로 놓으십시오.

-ㄴ/은/는/ㄹ/을 대로

선행문의 동작이나 상태에 따라 후행문의 결과가 나타날 경우에
쓰인다.

表示随着前文动作或状态的完成或状态，出现后文的结果。

[예문] 이이들은 어른이 하는 대로 따라 해요.
　　　 심은 대로 거둔다.
　　　 이 세상에는 마음먹은 대로 되지 않는 일이 많아요.

'-(으)ㄹ 대로 -아/어/여서'는 형식으로 같은 말의 반복에 의한 강조
용법이다.

有时以'-(으)ㄹ 대로 -아/어/여서'的形式出现，表示强调。

[예문] 그 책은 <u>낡을 대로 낡아서</u> 글씨가 제대로 안 보입니다.

경제 상태가 <u>어려워질 대로 어려워져서</u> 문제예요.

머리가 <u>빠질 대로 빠져서</u> 더 빠질게 없어요.

-는 대로

선행문의 동작이 이루어지는 즉시 후행문의 동작이 일어나는 것을 나타낸다. 동사에만 쓰인다.

表示完成前文动作的同时发生后文的动作。只能和动词连用。

[예문] 집에 <u>도착하는 대로</u> 진화 좀 걸어주세요.

편지를 <u>받는 대로</u> 곧 답장을 하겠어요.

수업이 <u>끝나는 대로</u> 교문 앞에서 만나자.

✐ **보충설명 补充说明**

　시간을 나타내는 어미 '자마자'도 '즉시, 곧'의 뜻을 나타내는데 그 뒤에 시제의 제약이 없는 반면에 '-는 대로'뒤에 과거시제를 붙이면 안 된다.

　表示时间关系的词尾'-자마자'也有立刻、马上的含义，但'-자마자'的后文没有时态的限制，而'-는 대로'的后文不能使用过去时态。

[예문] 집에 <u>도착하자마자</u> 전화했어요.(○)

집에 <u>도착하는 대로</u> 전화했어요.(×)

---

[1] 다음 밑줄 친 부분이 틀린 것을 고르십시오.

① <u>고향 부모님을 통해서</u> 그 사실을 알게 됐어요.
② 교수님께 먼저 <u>전화를 한 다음에</u> 찾아 가세요.
③ 사장님이 부산에 <u>도착하는 대로</u> 연락하셨어요.
④ 나는 외국인이기 때문에 <u>입장하려면</u> 여권이 필요하대요.

[2] 다음 (   )에 알맞은 것을 고르십시오.

> 한 달 동안 계속된 경기에 선수들은 (   )
> 걷는 것조차 힘든 상태가 되었다.

① 지쳤다시피
② 지칠 만해서
③ 지쳤을 정도로
④ 지칠 대로 지쳐서

설명 문제[1]의 ③ 중 '-는 대로'는 앞 동작이 끝나는 즉시에 뒤 동작이 이룬다는 뜻을 가지고 있는데 후행문에 과거형과 결합해 쓸 수 없다. 그러므로 ③은 정답이다.

문제[2] '-다시피'는 '거의 동작과 같이'의 뜻으로 쓰이거나 재확인함을 나타낸다. '-만하다'는 동작이나 상태가 그 정도에 도달함 또는 가치가 있음을 나타낸다. ④는 극한 상황까지 도달했음을 나타내므로 정답이다.

说明 题[1]的第三个选项中 '-는 대로'的后文是不能出现过去时词尾的，因此③是正确答案。

题[2]的'-다시피'指与前文的内容相同，'-만하다'表示程度和价值，只有④表示所修饰的形容词到达了一定的极限。因此正确答案为④。

9)　대신

-ㄴ/은/는 대신　　선행문의 내용을 후행문으로 대치할 때, 또한 선행문의 내용에 대한 대가나 보상을 후행문에 나타낸 때 사용한다. 뒤에 '-에'가 붙을 수 있으나 대개 생략된다.

表示以后文的内容替代前文的内容，或者后文的内容是对前文内容的补偿。词尾后有时出现助词'-에'，有时省略。

[예문] 회사에 출근을 안 <u>하는 대신</u> 집에서 일을 했습니다.
이 물건은 값이 <u>비싼 대신에</u> 질은 아주 좋아요.
그 병원은 시설이 <u>좋은 대신</u> 치료비가 비쌉니다.

10)　둥

-ㄴ/는/ㄹ을 둥　　이것도 저것도 아닌 애매한 상태에 놓여 있음을 뜻한다. 보통 잇달아 두 번 쓰는데 동사의 경우 두번째는 대개 부정형인'- 마는 둥', '-말 둥', '-만 둥'으로만 쓰인다.

表示不明确、不确定的状态。通常连续使用两次，当修饰动词时，往往后文的形式为'- 마는 둥', '-말 둥', '-만 둥'。

[예문] 일을 <u>하는 둥</u> 마는 둥 게으름을 피우고 있어요.
밥을 <u>먹을 둥</u> 말 둥 하더니만 한 그릇을 다 먹었어요.
시험이 <u>쉬웠다는 둥</u> 어려웠다는 둥 말들이 많아요.

[1] (   )에 알맞은 것을 고르십시오.

> 국강 씨는 내 컴퓨터를 고쳐 준 대신에 (   ).

① 잘 고치지 못 했어요.
② 한 턱 내 달라고 했어요.
③ 오늘은 안 된다고 했어요.
④ 지금 고장이 안 나요.

[2] 다음 (   )에 알맞은 것을 고르십시오.

> 요즘 룸메트가 무슨 고민이 있는 것 같아요. 말도 별로 안 하고 오늘 아침 식사도 (   )하고 나갔어요.

① 하다가 말다가
② 하거나 말거나
③ 하는 둥 마는 둥
④ 하는 척 마는 척

설명 문제[1]의 빈칸에 선행문의 내용을 대치할 수 있는 내용이나 선행문인 '고쳐 준다'의 대가나 보상을 나타내는 내용이 들어가야 한다. ①과③, 그리고 ④는 이런 의미를 가지고 있지 않다. ②는 '컴퓨터를 고쳐 주는 대가로 한턱을 낸다'는 뜻이므로 정답이다.

문제[2] 중 '고민이 있다'는 전제에 식사를 하는 경우에는 먹는 것에 집중하지 못하고 먹는 것 같기도 하지만 먹는 일에 집중하지 못한 상태를 표현하고자 하는 이 문장에 이것도 저것도 아닌 애매한 상태를 나타내는 '-둥'이 제일 적당하므로 ③은 정답이다.

说明 题[1]根据'대신'的用法，空格部分应该是可以代替'컴퓨터를 고쳐 준다'的内容，或者'컴퓨터를 고쳐 준다'的代价。选项中只有②'作为修电脑的代价，要我请他吃饭'符合这一条件，所以正确答案为②。

题[2]：在'고민이 있다'的条件下，是不可能精力集中的吃饭的。因此题中要表达的是'早餐没好好吃'的意思，而'-둥'正具备这一含义，因此正确答案为③。

'선행문이 뜻하는 내용과 거의 같다'의 뜻을 나타낸다.
表示后文的内容如同前文出现的内容一样。

-ㄴ/은/는/ㄹ/을 듯이

선행문의 동작이나 상태가 사실인 것 같기도 하고, 그렇지 않은
것 같기도 한 것을 추상적으로 표현한다.
表示'似乎、好象'。

[예문] 자기가 <u>최고인 듯</u> 교만합니다.

대단한 손님이라도 <u>오는 듯이</u> 소란스러웠지요.

<u>날 듯이</u> 빨리 걸어간다.

<u>물 쓰듯이</u> 돈을 쓰면 안 됩니다.

비 <u>오듯이</u> 눈물을 흘립니다.

* 네 번째 예문에서 나타났듯이 비슷한 의미를 사용할 때 '-듯'만 쓰는
  경우도 많다.
* 如第四个例句所示，有时这个词尾在修饰词后直接使用'-듯'。

-ㄴ/은/는/ㄹ/을 듯하다(싶다)

'듯' 뒤에 '하다'를 붙인 경우에는 선행문의 동작이나 상태를 객관적
으로 추측하는 경우에 쓰고 '싶다'를 붙인 경우에는 주관적 추측을
나타낸다.

当使用'듯하다'时，表示说话人客观推测，当使用'듯싶다'时，表
示主观推测。

예문 비가 올 듯하군요.

저 사람은 학생인 듯해요.

그 옷에는 빨간 구두가 더 잘 어울릴 듯싶네요.

애기가 조용한 걸 보니까 잠에 든 듯싶습니다.

친구가 아직도 안 오는 걸 보니 무슨 일이 생긴 듯싶군요.

12) 리

사실에 대한 '까닭'이나 '이치'의 뜻을 나타낸다.

表示理由、道理。

-ㄹ/을 리가 있다/없다

동사, 형용사, '이다'에 붙여 어떠한 동작을 하거나 그런 상황에
놓여 있을 이유나 까닭이 없음을 뜻한다.

用于动词、形容词、'이다'之后，表示没有理由出现前文的
内容。

예문 그 사람이 약속을 잊을 리가 없는데……

여러 번 말했는데 설마 말의 뜻을 모를 리가 있어요?

교통경찰이 음주 운전을 했을 리가 없는데……

[1] 다음 밑줄 친 부분과 의미가 비슷한 것을 고르십시오.

> 사람들마다 얼굴이 <u>다르듯이</u> 나라마다 문화도 다르다.

① 다르기보다는
② 다를 정도로
③ 다른 것처럼
④ 다를 것 같으면

[2] 다음 밑줄 친 부분과 의미가 비슷한 것을 고르십시오.

> 어느 누구도 다른 사람이 자신에 대해 함부로 말하는 것을 <u>좋아할 리가 없다.</u>

① 절대로 좋아하지 않는다.
② 어쩌면 좋아할 수도 있다.
③ 할 수 없이 좋아할 것이다.
④ 도대체 좋은 줄 모르겠다.

설명 문제[1]의 '-듯'은 후행문의 내용이 선행문의 내용과 같음을 뜻한다. 그러므로 정답은 ③이다.

문제[2]의 밑줄 친 부분의 뜻은 '좋아할 이유가 없다'는 것이다. ②와 ③은 좋아할 가능성은 있다는 뜻이 포함돼 있기 때문에 뜻이 다르다. ④ 중 '도대체'라는 부사가 의문을 표현하는 명사나 부사와 결합해 쓰는 것이 더 적합하다. 그러므로 정답은 ①이다.

说明 题[1]: 题中的'-듯'表示'像……一样'的含义，因此答案为③。

题[2]: 划线部分在这句话中应解释为'不可能喜欢'，第二、三选项都表示或多或少有一点可能；而第四个选项中的'도대체'通常跟疑问代词连用，因此正确答案为①。

13) 　**만큼**

일정한 정도나 한도를 나타내는 조사의 역할도 하지만 관용문형으로 많이 쓰이기도
한다.
　用作表示程度的助词，在惯用句型中也常常出现。

-ㄴ/은/는/ㄹ/을 만큼

　　　　　선행문의 내용과 같은 정도로 후행문의 내용이 이루어짐을 뜻한다.
명사 어간에 붙어 조사로도 쓰인다.

　　　　　表示后文的程度与前文内容的程度相同。可以作为助词单独修饰
名词。

　　　　　[예문] 내가 도와 준 만큼 그도 나를 도왔어요.
　　　　　　　　내가 일한 만큼 대우를 받고 싶어요.
　　　　　　　　우리가 다 들어갈 만큼 방이 넓진 않았어요.

14) 　**바람**

-는 바람에　　동사에 붙어 쓰이며 선행문의 원인이나 기세가 후행문의 결과에
　　　　　　　영향을 미침을 뜻한다. 후행문에는 대개 부정적인 결과가 나온다.
　　　　　　　用于动词之后，表示前文的内容给后文的内容造成影响，通常是
　　　　　　　负面的影响。

　　　　　[예문] 친구가 술을 권하는 바람에 취했어요.
　　　　　　　　갑자기 출장가는 바람에 약속을 못 지켰어요.
　　　　　　　　가게 문을 닫는 바람에 돈을 못 벌었어요.

[1] 다음 밑줄 친 부분과 의미가 다른 것을 고르십시오.

> 가: 지난 번 시험에 좋은 성적이 나왔습니까?
> 나: 아니오. <u>기대했던 성적만큼</u> 나오지 않았어요.

① 기대했던 성적처럼
② 기대했던 것과 같은 성적
③ 기대하지 않았던 성적
④ 기대에 어긋나지 않은 성적

[2] (   )에 알맞은 것을 고르십시오.

> 갑자기 기름 값이 (   ) 물가도 같이 올라서 사람들의 살림살이가 어려워지고 있다.

① 오를 뻔해서
② 오르는 바람에
③ 오르기 위해서
④ 오른 것치고는

설명   문제[1]의 밑줄 친 부분은 '기대했던 성적과 비슷하거나 같은 성적'이라는 뜻을 가지고 있다. 그러므로 ①, ② 그리고 ④는 비슷한 의미를 가지고 있는 반면에 ③은 반대된 의미를 가진 답이므로 정답은 ③이다.

문제[2] 중 '기름 값이 오르다'는 '물가도 같이 오르다'의 원인이 된다는 의미를 표현하고자 하는데 맞는 어미는 부정적인 영향을 끼친 원인을 나타내는 ②밖에 없다. 그러므로 ②는 정답이다.

说明   题[1]中划线部分的意思是'像期待的一样', 而第一、二、四选项都可以表示同样的意思, 只有第三个选项表达了与此相反的意思。因此答案为③。

题[2]想要表达是'기름 값이 오르다'造成了'물가도 같이 오르다'这样的负面影响, 而在四个选项中可以表达这种意思的词尾只有'는 바람에', 因此答案为②。

15) 법

-ㄴ/은/는 법이다　　어떤 동작이나 상태의 당연함을 나타낸다.

表示前文的内容是理所当然的。

예문　열심히 노력하면 성공하는 법입니다.
　　　돈을 빌렸으면 당연히 갚아야 하는 법입니다.
　　　여름은 덥고 겨울은 추운 법입니다.

16) 뻔

-ㄹ/을 뻔하다　　지나간 과거에 그렇게 될 수 있었던 기회가 있었으나 사실은 그렇게
　　　　　　　　되지 않았음을 나타낸다. 과거의 행동을 표현하므로 항상 과거형
　　　　　　　　어미와 결합된다.

表示前文的内容差一点就发生了。通常使用过去时态。

예문　어제 계단에서 넘어질 뻔했어요.
　　　배가 아파서 죽을 뻔했다.
　　　급하게 운전하느라고 사고 날 뻔했어요.

[1] (   )에 알맞은 것을 고르십시오.

> 진정한 자유에는 반드시 책임이 따르는 (   ).

① 일이다
② 법이다
③ 셈이다
④ 마련이다

[2] (   )에 알맞은 것을 고르십시오.

> 가: 어제 수업 시간에 안 늦었어요?
> 나: 네. 그 때 바로 택시를 타지 않았으면 (   ).

① 늦을 텐데요.
② 늦을까 해요.
③ 늦을 뻔했어요.
④ 늦은 척했어요.

설명 문제[1]은 법칙이나 상식, 진리를 나타냈기 때문에 ②와 ④의 의미가 맞다. 하지만 '마련이다'가 이런 뜻을 나타낼 때 '-기 마련이다'는 형식으로 써야 되므로 정답은 ②다.

문제[2] 중 ④ 'ㄹ 텐데'는 추측을 나타낸 어미이므로 선행문 중 과거에 대한 가정과 맞지 않다. 문맥에 '늦지 않았다'는 뜻을 표현하고자 하므로 ③은 정답이다.

说明 题[1] 给出的句子讲述了常识或是一个真理，那么只有②和④可以表达这个意思，而④'마련이다'表达这种意思时必须使用'-기 마련이다'这种形式，因此答案为②。

题[2]：作为表示推测的词尾，①中的'ㄹ 텐데'如果表示对过去的推测必须使用过去时态词尾，所以不正确。而题中的人物并没有迟到，因此正确答案是表示'差一点就……'的③。

다른 것은 제외하고 오직 그것 하나만이라고 강조할 때 쓴다.
表示'只、只有'。

-ㄹ/을 뿐이다　　　[예문] 친구를 잠시 <u>만났을 뿐</u> 그 외에 아무 것도 하지 않았어요.
　　　　　　　　　　　　아무 말도 생각나지 않아서 듣기만 <u>했을 뿐입니다.</u>
　　　　　　　　　　　　방법이 없으니 한숨만 <u>나올 뿐이에요.</u>
　　　　　　　　　　　　내가 아는 사실은 이 한 <u>가지뿐입니다.</u>

* 명사를 수식할 때 어간 뒤에 '뿐이다'를 붙이면 된다.
* 如例句所示，在修饰动词或形容词时使用'-ㄹ/을 '뿐이다'，在修饰
　名词时可以在名词词干后直接添加'뿐이다'。

-ㄹ/을 뿐(만) 아니라, -ㄹ/을 뿐더러

그것과 함께 다른 것도 포함된다는 뜻을 나타내는 관용적 표현이다.
명사와 결합한 경우 'N뿐만 아니라'로 쓰인다. '-만'은 생략되는
경우도 많다. 그리고 동사나 형용사를 수식할 경우에는 '-ㄹ/을 뿐더
러'와 비슷한 의미를 가지고 있다.

表示除了前文的内容还有后文的内容，修饰名词时使用'名词+뿐
만 아니라'，动词或形容词之后使用'-ㄹ/을 뿐(만) 아니라、-ㄹ/을 뿐
더러'，有时可以省略'-만'。

[예문] 너<u>뿐만 아니라</u> 그 친구도 그 일을 할 수 있다.
　　　　그 친구는 공부를 잘 <u>할 뿐 아니라</u> 성격도 좋습니다.
　　　　어제 <u>추울 뿐만 아니라</u> 눈도 왔어요.
　　　　공부도 잘 <u>할 뿐더러</u> 운동에도 소질이 많아요.
　　　　돈을 잘 <u>벌 뿐더러</u> 잘 쓸 줄도 압니다.

[1] 밑줄 친 부분과 의미가 비슷한 것을 고르십시오.

> 이번 학교 행사는 <u>학생들뿐만 아니라</u> 부모님들까지 오셔서 더욱 좋았다.

① 학생들만
② 학생들밖에
③ 학생들은 물론이고
④ 학생들이라서 그런지

[2] (　　)에 들어갈 수 없는 것을 고르십시오.

> 가: 내일 오전 오후 다 시험이 있다니, 지금 무엇을 준비해야 할지 몰라요.
> 나: (　　　　　) 저녁에도 보강을 해야 한대요.

① 그것밖에 없어요?
② 그것뿐이겠어요?
③ 그것뿐이 아니에요.
④ 그뿐이 아니라

설명　'-뿐만 아니라'는 선행문의 내용을 포함한 뜻을 나타낸다. 선택 사항 중에 ③만 포함하는 의미를 가지므로 정답은 ③이다.

문제[2]는 '저녁에도'를 보면 '가'가 말하는 시험밖에 다른 내용이 또 있다는 것을 알 수 있다. 따라서 이런 의미와 반대인 ①은 빈칸에 들어갈 수 없다. 그러므로 ①은 정답이다.

说明　'-뿐만 아니라'的意思是'不仅……而且……', 很显然是包括前文的内容, 因此正确答案是③。

题[2]中第二个人的提到了'저녁에도', 说明在'가'所说的两次考试外还有其他内容。而①的意思正与此相反。故此答案为①。

-ㄴ/은/ㄹ/을 셈이다　어떤 사실에 대한 화자의 평가를 나타낸다. 또는 사실이 아니지만, 화자가 편의상 그렇게 생각한다는 뜻도 있다.

表示说话人对某种情况的评价，或者说话人认为是那样的，相当于汉语的'算是、等于'等。

[예문] 그 학생은 너에 비해 열심히 공부한 셈이지.
내년쯤에는 집을 옮겨 볼 셈입니다.
빚을 90% 갚았으니 거의 다 갚은 셈입니다.

-ㄹ/을 참이다　무엇을 하고자 한다는 의도나 예정을 나타내며 동사 어간에 붙어 쓰인다.

表示'准备、要'。

[예문] 금년에는 꼭 결혼할 참이야.
방금 선생님께 전화할 참이었어요.
내년부터는 가능하면 저축을 실천해 볼 참입니다.

-(으)려던 참이다　동사 어간에 붙어 쓰이며 무언가를 할 의도를 가지고 있던 그 순간을 나타내고자 할 때 쓰인다.

用于动词词干后，表示正要做某件事情。

[예문] 지금 막 전화를 걸려던 참이었습니다.
외출을 하려던 참에 친구가 와서 같이 나갔어요.
지금 심심해서 뭘 마시려던 참인데 같이 마시자.

[1] (   )에 알맞은 말을 고르십시오.

> 가: 자동차를 살 때 은행에서 돈을 빌리셨다더니
>   다 갚으셨나요?
> 나: 이제 한 달 이자만 더 내면 되니까 다 (   ).

① 갚곤 했어요.
② 갚기만 해요.
③ 갚은 셈이에요.
④ 갚으려나 봐요.

[2] 다음 밑줄 친 부분과 의미가 비슷한 것을 고르십시오.

> <u>외식을 하려던 참에</u> 친구가 피자를 먹고 싶다고
> 해서 같이 피잣집에 갔다.

① 마침 외식을 하려고 할 때
② 외식을 할 생각을 참았을 때
③ 외식을 하는 바람에
④ 외식을 한 김에

설명 문제[1] 중 '한 달 이자'를 더 내야 된다는 '나'의 말로 아직 다 갚지 못했다는 사실을 알 수 있다. 하지만 거의 다 갚았다는 뜻을 표현하고자 하므로 ③은 정답이다.
문제[2]의 밑줄 친 부분은 '외식을 의도를 가지고 있던 순간에'라는 의미를 가지고 있다. ②, ③ 그리고 ④가 나타내는 뜻은 밑줄 친 부분과 다르므로 정답은 ①이다.

说明 从题[1]中'나'所说的内容判断，他并没有还完钱，但他本人觉得还剩下'한 달 이자'就几乎等于他已经还完了，这种语意应该使用'은 셈'来表达，因此正确答案是③。
题[2]的划线部分要表达'正想出去吃饭'的意思，②'抑制出去吃饭的想法'、③'由于出去吃饭'、④'出去吃饭的同时顺便'与划线部分的意思都不相符。正确答案是①。

<table><tr><td>20)</td><td>채</td></tr></table>

어떤 상태가 변하지 않고 그대로 있다는 뜻이다. 동사의 어간에 쓰이며 선행문의
상태를 바꾸지 않고 그냥 그대로 유지하면서 후행문의 동작을 함을 나타낸다.
　用于动词词干后，表示在保持前文的动作不变的状态下进行后文的内容。

-ㄴ/은 채(로)　　　[예문] 너무 피곤해서 옷을 <u>입은 채로</u> 잤어요.
　　　　　　　　　　　문이 <u>열린 채</u> 아무도 없었습니다.
　　　　　　　　　　　텔레비전을 켜 <u>놓은 채로</u> 잠이 들었어요.

<table><tr><td>21)</td><td>척(체)</td></tr></table>

-ㄴ/은/는 척하다(체하다)

　　　　　그렇듯하게 꾸미는 거짓 태도나 행동을 뜻하는 말로 쓰인다.
　　　　　表示'假装'。

　　　　　[예문] 그 남자는 늘 열심히 <u>일하는 척합니다.</u>
　　　　　　　　일부러 기분 <u>좋은 척했지만</u> 친구들이 알아챘습니다.
　　　　　　　　알고도 <u>모르는 체했어요.</u>

[1] 다음 밑줄 친 부분과 바꿔 쓸 수 있는 것을 고르십시오.

> 가: 팔이 많이 부었네요. 모기한테 물렸어요?
> 나: 네. 어제 창문을 <u>열어 놓고</u> 잠을 잤거든요.

① 열어 놓은 채
② 열어 놓은 척
③ 열어 놓으면서
④ 열어 놓은 사이

[2] 다음 밑줄 친 부분 중 틀린 것을 고르십시오.

> 비가 많이 오는 어느 오후, 수업이 끝난 후 우산이 없어 비가 언제나 ①<u>그치려나 하고</u> 하늘을 쳐다보고 있는데 옷이 흠뻑 ②<u>적은 척</u> 동생이 우산을 들고 뛰어왔다. "누나 우산이 집에 ③<u>있어서</u>……"하며 활짝 웃던 동생의 얼굴이 아직도 ④<u>잊혀지지 않다.</u>

설명 문제[1] '척'은 안 그렇다는 것을 그렇듯이 꾸미는 뜻을 가지고 있다. '면서'는 두 가지 동작이 동시에 발생하는 것을 나타내고 '-ㄴ/은 사이'는 시간적인 개념을 강조하고 있으므로 정답은 ①이다.

문제[2]는 우산을 들고 뛰어온 동생의 옷이 적어 있는 상태를 표현하고자 하는 밑줄 친 부분에 '-척'은 적당하지 못하므로 정답은 ②이다.

说明 题[1]中'척'表示假装，而'면서'的前后文内容是同时发生的，'-ㄴ/은 사이'主要强调时间概念，'은 채'表示前文动作完成但其状态一直保持于后文内容进行过程中。因此答案是①。

题[2]的划线部分想要表达拿着雨伞跑过来的弟弟身上已经被雨淋湿了的状态，而'-척'不能表达这种意思，因此答案选②。

22) 탓

　원하지 않았던 결과에 대한 원인, 이유를 나타내는데 그 원인이나 이유가 핑계일 경우에도 쓰인다. 명사를 수식할 때 'N 탓이다', 동사나 형용사와 결합할 때는 'ㄴ/은/는 탓'는 형식으로 쓰인다.

　表示'都怪'。名词后直接添加 '탓이다', 动词或形容词后使用'ㄴ/은/는 탓'。

-ㄴ/은/는 탓　　　[예문] 내가 오늘 학교에 늦은 것은 늦잠 탓입니다.

　　　　　　　　　　날씨가 추운 탓인지 외출하기가 싫군요.

　　　　　　　　　　애들이 예의가 없는 건 가정교육을 잘못 시킨 탓이죠.

23) 터

　수식어에 따라 계획이나 의도, 예정, 추측 등을 나타낸다. 뒤에 '-이다'와 결합되고 다시 여러 연결어미와 함께 쓰여 다양한 의미를 나타낸다. 여기서 중급 한국어능력시험에서 많이 출제된 두 가지만 다룰 것이다.

　表示计划、意图、推测等。添加'-이다'后与其他词尾连用表示不同的含义。在这里只介绍中级韩国语能力考试中常出现的两种词尾。

-(으)ㄹ 테니까　　　화자의 예정이나 추측을 나타내고 선행문의 주어와 후행문의 주어가 일치하지 않다.

　　　　　　　　　表示说话人的推测和打算，前后文的主语不一致。

　　　　　　　　　[예문] 나는 기숙사에 있을 테니까 전화하세요.

　　　　　　　　　　　　운전은 내가 할 테니까 좀 주무세요.

　　　　　　　　　　　　무거운 건 남학생들이 옮길 테니까 가벼운 짐이나 옮기세요.

-(으)ㄹ 텐데   화자의 추측을 계기로 하여 후행문의 내용을 제시하는 것이다.

表示说话人的推测，以此推测提示下文。

[예문] 배가 고플 텐데 라면이라도 드세요.
교수님이 기숙사에 올 텐데 빨리 준비하세요.
김춘선 선생님을 만나야 할 텐데 어디 계신지 모르겠어요.

24) 편

-ㄴ/은/는 편(이다)   여러 분류 중에 어느 한 쪽에 속한다는 의미이며, '대체로 보아
그러하다'는 뜻이 있다.

表示'还算、属于'。

[예문] 오늘 날씨는 어제보다 덜 추운 편이에요.
노력에 비해 결과가 그리 좋지 않은 편입니다.
그 사람은 다른 사람에 비해서 책을 많이 읽는 편입니다.

25) 한

-는 한   선행문이 후행문에 대해 극한적인 조건이 됨을 나타낸다. 선행문에
는 동사만 쓸 수 있다.

表示范围性的条件，即在前文的范围内进行后文内容。相当于汉
语中的'只要…就…'。前文只能使用动词。

[예문] 제가 도울 수 있는 한 돕겠어요.
노력하지 않는 한 성공은 불가능해요.
나한테 사과하지 않는 한 용서할 수 없어요.

[1] 다음 밑줄 친 부분과 의미가 비슷한 것을 고르십시오.

> 이번 사고는 동생이 <u>조심하지 않은 탓이에요.</u>

① 조심한 적이 없어요.
② 조심하지 않은 셈이에요.
③ 조심하지 않았을 뿐이에요.
④ 조심하지 않았기 때문이에요.

[2] 다음 (   )에 알맞은 것을 고르십시오.

> 저녁에 찾으러 (   ) 그때까지 핸드폰을 고쳐주세요.

① 올 테면
② 오는 중에
③ 오는 바람에
④ 올 테니까

설명 문제[1]의 밑줄 친 부분의 어미는 원인을 나타내고 있다. ①은 경험을 나타내고 있고, ②는 생각과 계획, ③은 '단지'라는 의미를 나타내고 있으므로 정답은 원인을 나타내는 ④이다.

문제[2]의 '찾으러 오다'는 선행문의 주체인 화자가 후행문의 내용에 대한 설명을 제시하는 내용이다. ②는 선행문의 동작을 하는 과정에 후행문의 동작이 일어남을 나타내고 ③은 선행문의 동작이 후행문의 (보통 좋지 못한)결과의 원인이 됨을 나타내고 있으므로 이 문장과 적합하지 않다. ①의 '면'은 가정을 나타내고 ④만 제시의 의미를 가지고 있으므로 정답은 ④이다.

说明 题[1]的划线部分表示原因，含义为'由于不小心'，第一个选项中的词尾表示经历，第二个选项表示打算、想法，第三个选项的意思是'只不过不小心罢了'。显而易见，答案为④。

题[2]中'찾으러 오다'是说话人对后文的内容的提示。第二个选项表示在前文进行的过程中发生了后文的内容；第三个选项表示由于前文内容引起后文的结果(通常是说话人不乐于见到的结果)，因此这两个选项不能使整个句子通顺。而第一个选项中的'면'表示假设。第四个选项可以表示提示、说明，因此答案为④。

[3] 다음 밑줄 친 부분과 의미가 비슷한 것을 고르십시오.

> 주중에 영화관은 사람이 적어 <u>한산한 편이에요.</u>

① 늘 한산하다.
② 한산하지 않다.
③ 한산하다고 할 수 있다.
④ 한산하다고 하기 어렵다.

[4] ( )에 알맞은 것을 고르십시오,

> 가: 할아버지께서 연세가 꽤 많으신데도 아직도 활발하게
>   활동하신다고 들었어요.
> 나: 평생 남을 위해 봉사하신 할아버지는 앞으로도 건강
>   이 ( ) 계속 봉사활동을 하겠다고 하셨어요.

① 허락하더라도
② 허락할 정도로
③ 허락하길래
④ 허락하는 한

섭명 문제[3]의 밑줄 친 부분은 '대체로 한산하다'는 뜻이다. ①은 '항상, 언제나' 한산하다는 의미를 가지고 있고, ②는 '한산하다'에 대한 완전히 부정하고 있고, 그리고 ④도 역시 '한산하다'에 대한 부정 형식이므로 밑줄 친 부분과 다른 의미를 나타내고 있다. ③은 어느정도 '한산하다'를 인정한다는 뜻을 가지고 있다. 그러므로 정답은 ③이다.

문제[4]는 우선 문장의 내용을 파악해 선행문 '건강이 허락하다'와 '계속 봉사 활동을 하겠다'는 조건의 관계임을 알 수 있다. 양보를 나타내는 ①, 정도를 나타내는 ② 그리고 원인을 나타내는 ③은 다 정답이 아니다. 정답은 ④이다.

说明 题[3]划线部分的意思是还算'한산하다'。第一个选项表示一直、从来都'한산하다'；第二个选项和第四个选项都是对'한산하다'的否定，这三个选项都不符合划线部分的原意。而第三个选项表示'可以说……'，因此答案是③。

首先我们可以根据题[2]中所给的内容判断'건강이 허락하다'是'계속 봉사 활동을 하겠다'的条件。选项中，①表示让步；②表示程度；③表示原因，都不正确。因此答案为④。

2. 진행을 나타내는 관용문형(表示进行的惯用句型)

-아/어/여 가다(오다)

-아/어/여 가다(오다)

동작의 진행을 표시한데 화자를 기준으로 하여 화자를 향한 동작에는 '오다'가 쓰이고, 화자에게서 벗어나는 동작에는 '가다'가 쓰인다.

表示动作的进行，以说话人为准，动作进行方向朝说话人而来的使用'오다'，离说话人渐远的使用'가다'。

(예문) 버스가 이쪽으로 <u>달려 옵니다.</u>
앞으로는 혼자의 힘으로 <u>살아 갈 겁니다.</u>
나이를 먹으면 누구나 <u>늙어갑니다.</u>

3. 결과를 나타내는 관용문형(表示结果的惯用句型)

-아/어/여 내다, -아/어/여 버리다,-고 말다

-아/어/여 내다

'어려워도 그 동작을 끝까지 한다'는 적극적인 의미를 더해 주는 결과를 나타낸 관용문형이다.

用于动词之后，表示完成一件困难的事，带有积极意义。

(예문) 경찰이 잃어버린 물건을 <u>찾아 냈어요.</u>
그 회사가 좋은 물건을 <u>만들어 냈어요?</u>
내일 낼 숙제를 결국 <u>해 냈어요.</u>

| -아/어/여 버리다 | 본동사의 동작이 완료되어 더 이상의 여지가 없음을 나타낸다. |

본동사의 동작이 완료되어 더 이상의 여지가 없음을 나타낸다.

用于动词之后，表示动作的完成，并且没有挽回的余地。

예문 오늘 지하철에서 지갑을 <u>잃어 버렸어요</u>.
이 서류는 불에 <u>태워 버리겠습니다</u>.
돈을 다 <u>써 버리기</u> 전에 은행에 입금하세요.

한 동작의 끝났으므로 화자가 느끼던 부담이 없어졌음을 나타내기도 한다.

还表示随着前文动作的完成，说话人的负担也随之消失。

예문 어제 숙제를 다 <u>끝내 버렸어요</u>.
많이 싸웠던 그 사람과 어제 <u>헤어져 버렸어요</u>.
어제 원고를 다 <u>써 버렸습니다</u>.

-고 말다

어떤 동작이 완료되었음을 뜻하는데 화자에게 그 일을 하고 싶은 의지가 없었던 경우나 이루어진 결과에 대해 아쉬워하는 경우에 쓰인다.

表示动作的完成，说话人对这个动作的完成带有遗憾的语气。

예문 너무 슬퍼서 <u>울고 말았습니다</u>.
그녀는 화가 나서 밖으로 나가 <u>버리고 말았어요</u>.
동생이 그 거울을 <u>깨뜨리고 말았어요</u>.

'-고야 말다'를 사용하는 경우에는 화자의 강한 의지를 나타낸다.

但使用'-고야 말다'时，表示说话人很强的意志。

예문 제가 그 일을 마침내 <u>하고야 말았습니다</u>.
이번에 꼭 <u>성공하고야 말겠다</u>.
어떠한 어려움이 있더라도 그걸 꼭 <u>해내고야 말겠다</u>.

[1] (   )에 알맞은 것을 고르십시오.

> 한국에 온 지도 벌써 2년이 (   ). 그러나 아직까지 한국에 적응하지 못한 것은 많다.

① 되어 갔다.

② 되어 간다.

③ 되어 왔다.

④ 되어 있다.

[2] 다음 밑줄 친 부분과 의미가 비슷한 것을 고르십시오.

> 가 : 그 일을 맡기로 했어요?
>
> 나 : 네. 안 하겠다는 말을 못하고 그만 약속을 <u>하고 말았어요.</u>

① 해 냈어요.

② 해 뒀어요.

③ 해 버렸어요.

④ 했으면 했어요.

설명 문제[1]의 문장 중 '아직까지'라는 표현으로 괄호 안에 들어갈 동작이 화자를 향한 동작인 것을 판단할 수 있다. 괄호 앞에 '벌써'라는 부사로 과거시제를 사용해야 한다. 그러므로 정답은 ③이다.

문제[2]중 '나'의 말을 보면 '나'가 이 일을 하는 것을 별로 원하지 않는 것을 느낄 수 있다. 이런 뜻은 '-아/어/여 버리다'가 가진 여러 의미 중의 하나다. 그러므로 ③이 정답이다.

说明 从题[1]的'아직까지'可以判断出，空格内的动词方向应该朝说话人而来。加之空格前出现了时间副词'벌써'，必须使用过去时态。所以正确答案为③。

从题[2]'나'的话中不难判断出，他并不想接受这个任务，在不情愿的情况下完成一个动作，这正是'-아/어/여 버리다'多个含义中的一个，答案是③。

4. 반복을 나타내는 관용문형(表示反复的惯用句型)

■ -아/어/여 대다, -곤 하다

-아/어/여 대다   동작을 반복적으로 계속한다는 뜻을 나타낸다.

表示某个动作的持续反复状态。

예문 아이가 계속해서 <u>울어 대는데</u> 어디가 아픈가?
동생이 용돈 달라고 <u>졸라 댑니다.</u>
며칠 동안 책을 <u>읽어 댔더니</u> 눈이 아파요.

-곤 하다   과거에 같은 동작이 여러 차례 일어났거나 규칙적으로 반복되었음을 나타낸다.

表示过去反复发生的动作或习惯性的动作。

예문 아프면 창신대학 근처에 있는 약국에서 약을 <u>사곤 했어요.</u>
수업이 끝나면 중국인 유학생 전용 PC방에 <u>가곤 합니다.</u>
전에는 감기에 걸리면 그냥 <u>쉬곤 했었는데</u>……

5. 유지를 나타내는 관용문형(表示动作持续的惯用句型)

■ -아/어/여 놓다, -아/어/여 두다

-아/어/여 놓다   본동사의 동작이 완료되어 그대로 보존되고 있음을 나타낸다.
表示动作已经结束，但结束的状态一直保持。

[예문] 책을 책꽂이에 꽂아 놓았습니다.

나는 부산에 여행갈 계획을 세워 놓았어요.

나의 충고를 마음속에 새겨 놓으세요.

-아/어/여 두다   새로운 상태로 변하지 않고 현재의 그 상태를 그대로 보존시킨다는
뜻을 나타낸다. 타동사와 결합한다.

表示保持现在的状态使之不发生变化。只能和他动词连用。

[예문] 이 나무를 옮기지 말고 그대로 심어 두세요.

제 말을 잘 들어 두십시오.

이런 것을 알아 두면 좋습니다.

6. 희망과 생각을 나타내는 관용문형(表示愿望及想法的惯用句型)

-았/었/였으면 싶다, -나 싶다

-았/었/였으면 싶다   선행문이 나타내는 사실 전체에 대한 화자의 희망을 나타낸다.
'-았/었/였으면 좋겠다'와 같은 뜻이다.

表示说话人对前文内容的期望。

[예문] 오늘은 학교에 가지 않았으면 싶다.

이제 비가 그만 왔으면 싶다.

그런 나쁜 일은 빨리 잊어 버렸으면 싶어.

-나 싶다   확인되지 않은 사실에 대한 추정을 나타낸다.

表示对不确定事实的推测。

[예문] 손님들이 <u>오나 싶어서</u> 밖에 나가 봤어요.

내가 언제 <u>그랬나 싶었습니다.</u>

하나를 보면 전체를 알 수 있지 <u>않나 싶다.</u>

'싶다'는 여러 어미와 결합하여 화자의 추측이나 사실에 대한 판단의 뜻을 나타낸다.

另外，'싶다'和其他很多词尾都可以连用，表示说话人的推测。

[예문] 오늘은 친구한테서 전화가 오지 <u>않을까 싶다.</u>

아마 그 친구는 창신대학에 <u>갔지 싶어요.</u>

그런 예쁜 여학생도 <u>있구나 싶었다.</u>

[1] 다음 밑줄 친 부분과 의미가 비슷한 것을 고르십시오.

> 동생이 하도 같이 가자고 <u>졸라대서</u> 거절할 수 없었다.

① 한 번 졸라서
② 큰 소리로 조르니까
③ 계속 조르는 바람에
④ 갑자기 조르기 때문에

[2] 다음 밑줄 친 부분이 맞는 것을 고르십시오.

① 선수들은 반드시 <u>승리하고 말겠다고</u> 결심했습니다.
② 회의 준비를 급히 <u>끝내고 보면</u> 회의 시작 1분 전이었습니다.
③ 여러분의 도움이 없었으면 우리는 <u>성공해 놓을</u> 수 없었을 것입니다.
④ 끝까지 <u>하는 둥 마는 둥 해서</u> 이렇게 좋은 결과가 나온 것 같습니다.

[3] 다음 밑줄 친 부분과 바꿔 쓸 수 있는 말을 고르십시오.

> 취직 시험을 보면서 이것이 내 인생의 마지막 <u>시험이라고 생각했는데,</u> 회사에 들어간 후에도 시험은 계속 나를 괴롭혔다.

① 시험인 셈 쳤는데
② 시험이다 싶었는데
③ 시험이겠지 쳤는데
④ 시험이라고 싶었는데

 문제[1]의 '-아/어/여 대다'는 앞의 동사가 계속됨을 나타내는 어미라서 ③은 정답이다.

문제[2]의 ② 중 '면'은 가정의 의미를 나타내므로 뒤의 과거 시제와 어울리지 않다. ③은 '성공하다'는 힘든 과정을 거쳐야 거둘 수 있는 적극적인 의미를 가진 단어로 그의 완료를 '-여 내다'를 사용해야 한다. ④ 중 '하는 둥 마는 둥'이란 표현은 불확실한 상태를 나타내기 때문에 '좋은 결과가 나올 수 있다'의 원인이 되지 못한다. 그러므로 정답은 ①이다.

문제[3]의 '치다'는 사실이 아닌 것을 알면서도 그렇게 간주한다는 뜻이므로 문장과 맞지 않다. ④ 중 '라고'는 간접화법의 표시라서 '싶다'와 같이 쓰는 것은 적당하지 못하다. 그러므로 정답은 ②이다.

说明　题[1]的'-아/어/여대다'表示动作持续反复的状态，因此答案为③。

题[2]的第二个选项'면'表示假设，与后文的过去时不相符；'성공하다'带有经过艰难的过程而实现的含义，使用'아/어/여 놓다'来表示它的完成是不恰当的；而④的划线部分表示不确定，与'좋은 결과가 나올 수 있다'这一内容又不相符。因此答案为①。

题[3]中'치다'表示明知道事实不是这样而算作、当作这样，与题中句意不符；第四个选项的'라고'通常在间接引语中出现。因此答案为②。

7. 상태를 나타내는 관용문형(表示状态的惯用句型)

■ -아/어/여 지다

-아/어/여 지다   형용사에 붙어 동사로 바뀌는 어미로 선행 상태가 점점 더해가는
변화의 과정을 표현한다.

用于形容词词干之后，表示前文状态的变化。

[예문] 이젠 날씨가 점점 <u>추워집니다.</u>

그렇게 열심히 연습하면 발음이 <u>좋아질 겁니다.</u>
자주 만나지 못하니까 <u>멀어지는</u> 것 같습니다.

8. 원인을 나타내는 관용문형(表示原因的惯用句型)

■ -(으)로 인하다

-(으)로 인하다(인하여, 인해, 인해서)

선행문의 내용이 후행문의 원인이나 이유가 된다는 뜻이다. '인하
다' 뒤에 관형형 어미를 붙여 명사를 수식할 수도 있다.

表示前文的内容是后文内容的原因。也可以修饰名词。

[예문] <u>비로 인하여</u> 경기는 내일로 연기됩니다.

작년 남방에는 <u>홍수로 인한</u> 피해가 아주 심했다.
<u>더위로 인해</u> 체력을 떨어진 사람들이 많다.

[1] 다음 밑줄 친 부분 중 뜻이 다른 것을 고르십시오.

① 볼펜을 고쳤더니 이젠 잘 <u>써지네요.</u>
② 열심히 노력한 끝에 꿈이 <u>이루어졌다.</u>
③ 가을이 되어 날씨가 <u>추워졌어요.</u>
④ 사실이 <u>밝혀진</u> 날이 곧 올 거예요.

[2] (   )에 알맞은 것을 고르십시오.

> 가: 지방에 있는 초등학교들이 문을 닫는 경우가 많아
> 지고 있대요.
> 나: 네. 인구 감소(   ) 학교 다닐 아이들이 많이
> 줄었거든요.

① 로 인해서
② 를 비롯해서
③ 를 위해서
④ 에도 불구하고

설명 문제[1]: 연결어미로 '아/어지다'는 피동형과 변화를 나타내는 두 가지 의미를 가지고 있다. ①, ② 그리고 ④는 전부 피동형 어미로 쓰이고 있고 ③만 변화를 나타내는 어미로 사용되고 있다. 그러므로 정답은 ③이다.

문제[2]의 '인구 감소'와 '학교 다닐 아이들이 많이 줄었다'는 인과관계를 나타내고 있는데 ①만 인과관계를 표현할 수 있으므로 ①은 정답이다.

说明 题[1]的'아/어지다'作为连接词尾有两种用法：一种表示被动语态，另一种表示变化过程。题中第一、二、四个选项都使用了'아/어지다'来表示被动语态，只有第三个选项表达了天气的变化过程，因此答案为③。

题[2]中的'인구 감소' 和'학교 다닐 아이들이 많이 줄었다'是因果关系，选项中只有①能表达这种关系，因此答案为①。

9. 대립관계를 나타내는 관용문형(表示转折的惯用句型)

-기는 하다, - ㄴ/는다는 것이

-기는 하다

선행문의 내용을 인정하나 대조적인 내용을 후행문에 나타낸 의미다.

表示认同前文的内容，但后文的内容与前文的内容形成对照。

[예문] 그 분을 <u>만나기는 하겠습니다.</u>

질이 <u>좋긴 하지만</u> 너무 비싼데요.

열심히 <u>하기는 했지만</u> 성과가 없습니다.

-ㄴ/는다는 것이

화자가 의도했던 것이 후행문에서 상반되는 결과로 나타나게 되는 뜻이다.

表示后文的结果与前文中说话人所要达到的目的相反，或前文中说话人的愿望没能实现。

[예문] 동생 바지를 <u>산다는 것이</u> 내 것만 샀습니다.

전화를 <u>한다는 것이</u> 깜빡했네요.

음식을 <u>남긴다는 것이</u> 다 먹어 버렸습니다.

10. 비교관계를 나타내는 관용문형(表示比较的惯用句型)

-느니, -에 비하다

-느니

선행문의 내용보다 후행문의 내용이 더 낫다는 뜻을 표현한다. 후행문에서 '차라리' 등의 부사와 호응되기도 한다. 선행문의 술어는 동사로 제약되며 비교를 나타내는 관용문형 '못하다'와 결합해 사용하기도 한다.

表示后文的内容比前文的内容更好。前文的谓语只能使用动词。有时在后文中使用'차라리', 或'못하다'表示强调。

[예문] 외국어를 배울 때 집에서 공부하는 것은 현지에 가서 <u>배우느니만</u> 못해요.
날씨도 더운데 나가서 노는 게 집에서 <u>노느니만</u> 못합니다.
그런 게으름 사람에게 일을 <u>시키느니</u> 차라리 내가 하는 게 낫겠어.

-에 비하다(비하여, 비해, 비해서)

선행문과 후행문의 비교를 나타낸다. 선행문에 명사 수식어만 나올 수 있으므로 동사나 형용사는 다 명사형어미를 붙여 사용해야 한다.

表示前后文的比较，只能修饰名词。

[예문] 도시 사람들이 휴식을 <u>취하는 것에 비해</u>, 농촌에 있는 사람들은 한여름에도 쉴 틈이 없습니다.
그 학교는 우리 <u>학교에 비해</u> 좀 작은 편이다.
남부 산악지대의 지형은 북부 <u>산악지대에 비해서</u> 낮다.

[1] (   )에 알맞은 것을 고르십시오.

> 가: 며칠 전에 알려주었으면 이런 실수를 안 했을 텐
> 데…
> 나: 미안해. 일찍 (   ) 만날 기회가 없어서 말을
> 못 했어.

① 알려준다더니
② 알려준다 해도
③ 알려줬으면
④ 알려준다는 게

[2] 다음 (   )에 알맞은 것을 고르십시오.

> 가: 세탁기가 고장 났네. 서비스센터에 맡기고 올게.
> 나: 벌써 몇 번째야? 또 (   ) 차라리 새로 사는
> 게 어때?

① 수리하느니
② 수리하다시피
③ 수리하기로는
④ 수리하기는커녕

설명 문제[1]의 '알려주다'와 '말을 못 했어'는 대조적인 관계이므로 대조적인 의미를 가진 어미를 써야 맞다. 그리고 '나'라는 사람이 '가'에게 알려주고 싶지 않기 때문에 안 알려준 것이 아니라 '만날 기회가 없어서'라고 했으니까 '나'가 알려주고 싶어한다는 의미도 나타내야 된다. 그러므로 정답은 ④이다.

문제[2] 중 '차라리'의 뜻은 다른 것보다 뒤에 나온 내용이 더 낫다는 뜻이므로 비교하는 의미를 나타내고 있다. 네 가지 선택 사항 중 비교를 나타낼 수 있는 어미는 ①밖에 없다.

说明 题[1]'알려주다'和后文的 '말을 못 했어'是相反的内容，并且'나'并不是不想告诉'가'，而是想告诉但由于其他原因没能实现，这种句意使用④来表达最为恰当。

题[2]'차라리'表示后文的内容比前文的内容更好。四个选项中只有①具备这种比较的含义。

[1~6] 다음 (   )에 알맞은 것을 고르십시오.

[1] 가: 이제 집에 돌아가야지요?

　　나: 급한 일도 없는데 외출 (　　　) 저녁이나 먹고 들어갑시다.

　　① 나온 김에　　　② 나온 길에　　　③ 나온 셈인데　　　④ 나온 대신에

[2] 가: 회사 일이 어때요?

　　나: 바쁘지만 (　　　　) 보람도 있어요.

　　① 힘들 정도로　　　② 힘든 덕분에　　　③ 힘든 대로　　　④ 힘든 만큼

[3] 가: 이제 더 볼 곳이 없습니까?

　　나: 여기만 보면 한국의 유명한 관광지는 거의 다 (　　　　　)

　　① 본 셈이다.　　　② 볼 생각이다.　　　③ 볼 셈이다.　　　④ 본 정도이다.

[4] 사람이 사는 곳에는 쓰레기가 (　　　　　).

　　① 생기는 셈이다.　　② 생기게 마련이다.　　③ 생기는 중이다.　　④ 생기는 일이다.

[5] 기차가 7시에 떠나서 아침에 (　　　　　) 출발했다.

　　① 일어나더라도　　② 일어나기만 하면　　③ 일어나자마자　　④ 일어나는 대로

[6] 연구에 따르면 긍정적인 사고방식을 가진 사람은 그렇지 않은 사람들보다 스트레스를
　　덜 받으며 혈압도 (　　　).

　　① 낮아진다　　　② 낮은 편이다　　　③ 낮은 듯싶다　　　④ 낮으면 된다

[7~11] 다음 밑줄 친 부분과 의미가 비슷한 것을 고르십시오.

[7] 환경오염처럼 심각한 문제를 <u>방치해 두면</u> 안 된다.

① 방치해 내면 ② 방치해 버리면
③ 방치해 가면 ④ 방치해 대면

[8] 전문가의 분석에 의하면 부동산 산업은 전망이 <u>밝을 뿐더러</u> 투자 가치가 있다고 한다.

① 밝은 데다가 ② 밝다고 해도
③ 밝을지는 몰라도 ④ 밝아 봤자

[9] 아침에는 대낮의 분주함과 <u>소란함 없이</u> 활기를 숨긴 고요함이 구석구석에 있다.

① 소란함치고는 ② 소란함 대신에
③ 소란함중에 ④ 소란함처럼

[10] 가: 어제 미영 씨에게 사랑한다는 고백은 했어요?
　　나: 아직요. 하지만 오늘은 꼭 <u>해야겠어요.</u>

① 할까 말까 해요. ② 하고야 말겠어요.
③ 하고 말았어요. ④ 하는 둥 마는 둥 해요.

[11] 가: 쉽게 피곤을 느끼세요?
　　나: <u>그런 편이에요.</u>

① 그럴 가능성이 많아요. ② 그렇다고 볼 수 있어요.
③ 그렇다고 쳐요. ④ 그럴 듯싶어요.

<초급 / 初級>

1. 조사의 사용

[1] ③,　[2] ①,　[3] ②,　[4] ③,
[5] ③,　[6] ③,　[7] ④,　[8] ①,
[9] 는, 에서, 를, 는, 를, 에, 과, 에,
께, 께서

2. 문장의 종결형과 높임법

[1] 할아버지께서 기다리십니다.
[2] 선생님께서 교실에 계신다.
[3] 아버지께서 주무신다.
[4] 선배님들이 식사하신다.
[5] ②, [6] ①, [7] ①, [8] ②, [9] ③

3. 시제

[1] 합니다. [2] ①, [3] ④, [4] ①

4. 부정형

[1] 쓰지 않았습니다/안 썼습니다.
[2] 피우지 마세요.
[3] 가지 마세요.
[4] 사전이 아닙니다.
[5] 없으세요?
[6] 모릅니다.
[7] ②,　[8] ②,　[9] ①

5. 용언의 불규칙활용

[1] ③,　[2] ②,　[3] ①,　[4] ③,
[5] ②,　[6] ①,　[7] ②,　[8] ③,
[9] ①,　[10] ④

6. 어미의 활용

[1] ②,　[2] ③,　[3] ④,　[4] ①,
[5] ③,　[6] ②,　[7] ②,　[8] ①,
[9] ④,　[10] ①

7. 관용문형

[1] ①,　[2] ②,　[3] ②,　[4] ②,
[5] ③,　[6] ②,　[7] ③,　[8] ①

8. 화법

[1] 장요 씨가 저에게 빨리 오라고 말했
습니다.
[2] 친구가 내일 같이 영화 보러 가자고
했어요.
[3] ②,　[4] ③

<중급 / 中級>

1. 피동형과 사동형

[1] ②, [2] ②, [3] ①, [4] ③, [5] ④,
[6] ①, 먹였다,　[7] ③, 보였는데

2. 연결어미

[1] ④,　[2] ①,　[3] ①,　[4] ③,
[5] ④,　[6] ①,　[7] ②,　[8] ④,
[9] ①,　[10] ②

3. 관형형 어미

[1] ④,　[2] ②,　[3] ②,　[4] ②,
[5] 떨어져 있는

4. 관용문형

[1] ①,　[2] ④,　[3] ①,　[4] ②,
[5] ③,　[6] ②,　[7] ②,　[8] ①,
[9] ②,　[10] ②,　[11] ④

TOPIK Grammar(Elementary & Intermediate)

by LI JI LIAN · WANG YAN

Approach by Patterns

Copyrights © 2007 by the Authors.
All rights reserved.
Published by Pagijong Press
129-162 Yongdu-dong Dongdaemun-gu Seoul, Korea
Tel: 82-2-922-1192
Fax: 82-2-928-4683
www.pjbook.com
Printed in Seoul, Korea
ISBN 978-89-7878-918-9-13710

한국어능력시험 – 문법(초급/중급)

초판 발행 2007년 4월 12일
5쇄 발행 2010년 10월 18일

지은이 이길연·왕 연
펴낸이 박찬익
편 집 이기남·김민영·최민영·지미정
펴낸곳 도서출판 **박이정**

주 소 130-070 대한민국 서울시 동대문구 용두동 129-162
전 화 (02) 922-1192~3, 팩스 (02) 928-4683
E-mail pijbook@naver.com
온라인 (국민) 729-21-0137-159
등 록 1991년 3월 12일 제1-1182호
ISBN 978-89-7878-918-9-13710

값 9,000원